DAS WISSEN DER WELTENSCHLANGE

Bibliografische Information der Deutschen Nationalbibliothek: Die Deutsche
Nationalbibliothek verzeichnet diese Publikation in der Deutschen
Nationalbibliografie; detaillierte bibliografische Daten sind im Internet unter
http://dnb.dnb.de abrufbar.

© 2022, The Spirit Scribe (Tanja V. Ahrens), Rodgau
1. Auflage
Covergestaltung: T. Ahrens
Herstellung und Verlag: BoD – Books on Demand, Norderstedt
ISBN: 9783755779315

Das Wissen der Weltenschlange

Balance

Band 2 der Spirit Scribe Journale

The Spirit Scribe

Bisher veröffentlichte Teile:

»Das Wissen der Elfen«

»Das Wissen der Weltenschlange«

Eine Vorschau auf die restlichen Bände
ist verfügbar unter www.the-spirit-scribe.de

Inhaltsverzeichnis

TEIL 1

TEIL 2

TEIL 3

TEIL 1

Einleitung

Willkommen zurück! Schön, dass du nach dem ersten Band abermals zu dieser Reihe gefunden hast. Wie schon beim letzten Teil habe ich – Tanja, The Spirit Scribe – dieses Buch nicht aus eigenem Antrieb geschrieben, sondern es war ein direkter, überdeutlicher Auftrag aus der geistigen Welt. Wie du sicher schon weißt, heißt das, was ich tue, Channeln. Jeder kann es, aber nicht viele tun es bewusst. Dazu mehr am Ende dieses Buches – wieder mit einer praktischen Übung!

Zu dem Zeitpunkt, zu dem ich dies schreibe (Frühjahr 2022), sitze ich mittlerweile auf mehr als 14 Manuskripten aus der geistigen Welt und bemühe mich, die Nachrichten all meiner Interviewpartner schnellstmöglich verfügbar zu machen. Ein zentraler Sammelort ist dabei mein Blog[1], auf dem du noch viele weitere Interviews, sowie zusätzliches Material wie Gebete, Youtube-Videos und weitere Goodies finden kannst.

Als mir die Weltenschlange im Juni 2020 zum ersten Mal erschien, hatte ich gerade meinen Frieden damit gemacht, dass die Buchfiguren aus meinem Romanzyklus aus ihrer eigentlichen Geschichte

---

[1] www.the-spirit-scribe.de

herausgestiegen waren und mir dargelegt hatten, wer und was sie in Wahrheit sind und wie wenig wir in Wirklichkeit von dem faszinierenden kreativen Vorgang verstehen, den wir Geschichtenerzählen nennen. Nun kam also gleich der »Anschluss-Schock« in Form einer etwa neun Meter langen Schlange, die sich mir beim Meditieren gerne doppelt so groß bzw. hoch zeigte, wie mein eigenes Körper-Abbild war. Es ist daher nicht verwunderlich, dass ich einige starke Zweifel an der ganzen Sache hatte. Ich zweifle *immer* ein Stück weit an meinen Kontakten, besonders in den ersten Tagen. Ich bin davon überzeugt, dass mich das eher zu einem besseren Channel macht als zu einem schlechteren. Wir Menschen sind aber auch in einem erstaunlichen Maße dazu fähig, Dinge einfach hinzunehmen, die sich lange genug eingeschliffen haben. Und wenn einem schonmal die Schlange aus dem christlichen Paradies über den Weg läuft, dann bin ich definitiv zu neugierig, um sie wieder wegzuschicken!

In diesem Buch wird jedoch mehrfach auffallen, dass mich das Christentum nicht so richtig interessiert und ich auch nur, sagen wir mal, »gehobenes Basiswissen« unserer Staatsreligion habe. Wer in diesem Büchlein also hofft, dass wir wortwörtlich bei Adam und Eva beginnen und die ganze Kiste mit der Vertreibung aus dem Paradies neu aufrollen, der wird enttäuscht werden. Allerdings unterhielten wir uns ganz fantastisch über das universelle Prinzip der **Balance**: Über **Demenz** ebenso wie über dringend benötigte, christentumfreie **Tempel** und den immer wiederkehrenden philosophischen Ansatz namens **Homo homini lupus** (»Der Mensch ist des Menschen Wolf«). Ein für mich extrem wichtiger Passus war auch unser Dialog über eine der ältesten Fragen der Welt: <u>**Können Götter »sterben«?**</u> Die herzzerreißende, faszinierende Antwort auf diese Frage findest du bei Tag 14 und auf meinem Blog unter dem Stichwort »Kerzen-Gleichnis«. Nach dem eigentlichen Interview findest du dann noch die praktische Übung sowie meine sehr kurze Abhandlung über den Symbolismus der Schlange und weitere Namen für Jormungandr, die ich im Laufe der Zeit auftun konnte. Einen wissenschaftlichen Ansatz verfolge ich hierbei explizit nicht, die Liste an Namen und Deutungen ist also ganz sicher nicht vollständig. Ich kann nur meine Gedanken zur Diskussion beitragen. Ich biete nur ein Sprungbrett, oder, neudeutsch: Ein »Rabbit Hole«, in das ihr euch bei Interesse kopfüber stürzen könnt. Viel Vergnügen dabei!

Drei wichtige Tipps für die Lektüre

Es gibt drei Grundgedanken, die du immer im Gedächtnis halten solltest beim Lesen meiner Journale:

1) WENN DU ES FÜHLST, GLAUB ES.

Nicht jeder Satz muss für dich gemacht sein. Manche Formulierung wird dich stören und an manchen Stellen wirst du tief in dir wissen, dass es für dich anders ist. Das ist völlig in Ordnung und richtig so. Nur du steckst in deinen Schuhen. Wenn dir aber eine Gänsehaut über den gesamten Körper läuft bei einigen Sätzen, dann tu dir selbst den Gefallen und erkunde die Welt, die darin liegt. Nimm aber nicht mein Wort als letzte Weisheit, sondern nur als Treppenstufe auf dem Weg, **dein eigenes Innerstes** zu ergründen.

2) ICH BIN NICHT WEISER ALS DU.

Die Texte, die du hier in Händen hältst, sind voll unendlicher Weisheit, aber ich als Autorin war ebenso *Empfängerin* dieser Worte wie du. Ich bin nicht weise, ich bin eine ganz normale Frau. Schrecklich neugierig vielleicht, was die geistige Welt betrifft. Aber sonst ganz normal. Ich möchte *keinesfalls* dein Guru werden oder sein. Denn:

3) Was ich kann, kannst du auch. Du hast wahrscheinlich nur vergessen, wie es geht.

Wie die Gespräche aufgebaut sind

Da ich es von Anfang an mindestens mit Zwiegesprächen zu tun hatte, und oft auch mit noch mehr Präsenzen auf einmal, habe ich recht schnell eine Form finden müssen, die Menschen immerhin halbwegs vertraut ist. In meinem Fall kennzeichne ich also die Sätze, bei denen ich der Denker & Sprecher bin, mit »T:« für »Tanja« und mein Gegenüber in diesem Band meist mit »J:« für Jormungandr, »WS:« für die Weltenschlange. Man kennt das von Interviewtexten in der Zeitung. Zudem sind die **Antworten aus der geistigen Welt fett gesetzt**, denn sie sind ja doch um einiges wichtiger als meine Zwischenfragen und Anmerkungen. Wo es essenziell wird, oder wunderschön lyrisch, oder aufbauend, <u>sind Abschnitte zudem unterstrichen</u>. Wo ich Anmerkungen oder Ergänzungen hinzugefügt habe, oder wo einleitende Erklärungen nötig sind, die nicht direkt zum Dialog gehören, sind diese [in eckige Klammern] gesetzt.

Wenn du dir übrigens am Anfang eines Gespräches nicht sicher ist, ob du mit dem Aspekt »warm wirst«, dann blättere doch kurz umher oder besuche mein Blog, wo schon einige weitere Interviews mit den Aspekten zu lesen sind. Such dir einige unterstrichene Sätze und lies diese zuerst. **Spicken ist in diesem Projekt erlaubt und gewollt!** Nur zwischen den Interviews hin- und herspringen empfehle ich nicht unbedingt, denn natürlich werden in den späteren Teil der Reihe viele Lehren aus früheren Gesprächen behandelt – wie es in einem Journal oder einem Interview üblich ist. Wenn dich das nicht stört, kannst du natürlich gerne dort einsteigen, wo es dich am meisten hinzieht!

TEIL 2

Tag 1:
Die Weltenschlange
stellt sich vor

06.06.2020

[Ich habe mir bei meinem »Placement« – also meiner Start-Visualisierung, wie meine Umgebung aussieht und wo ich hingehen sollte – absichtlich viel Zeit gelassen und mich nicht auf die Ebene der Elfen oder ein anderes Gebiet beschränkt. Ich bin über der gesamten Erde geschwebt und schließlich auch in der »weißen Matrix«, also dem unendlichen weißen Raum aller Möglichkeiten, um möglichst wenig selbst zu beeinflussen. Von den Drachen wusste ich ja bereits, dass ich beim Start des neuen Channeling-Monats hier vorsichtig sein soll. Schlussendlich kam auch etwas zu mir ... eine riesige Schlange!
Zuerst schlängelte sie in einigem Abstand um mich herum. Natürlich habe ich Angst bekommen! Die Stimme war schon so gemein, irgendwo zwischen Morla (der Schildkröte aus der »Unendlichen Geschichte«) und einem Drachen. Als sie sprach, ging es mir durch Mark und Bein.]

Schlange: Sieh an. Lange Zeit habe ich darauf gewartet, die neue elfische Schreiberin zu treffen, und jetzt bist du hier. Hier, wo der Minotaurus geboren wurde, wo Odysseus hindurch musste und wo Drachen schlummern.

[Es gibt beim Treffen einer neuen Wesenheit einen Moment, wo ich mich noch an die neue Frequenz gewöhnen muss. In diesen Momenten scheint der »Schauspiel-Anteil« besonders stark, deshalb empfehle ich, die ersten paar Sätze nicht zu sehr auf die Goldwaage zu legen. Obwohl die Aussagen natürlich korrekt sind, wenn man an die geistige Welt generell denkt. Unser Konzept von Minotaurus und Drache wohnt im morphischen Feld/ der unsichtbaren Welt. Und ob Odysseus in Wirklichkeit eine Reise in sein Innerstes machte, wage ich nicht zu beurteilen, ich habe mich nie damit beschäftigt. In meinen Geist drängten sich währenddessen viele Bilder und ähnliche mythologische Referenzen. Zum Beispiel gibt es im ›Letzten Einhorn‹ die Erläuterung einer Schlange, »welche die Welt in ihren Windungen hält«. In England gibt es eine Steinformation in einer Höhle, die wie ein riesiges Drachenauge aussieht. Und

natürlich zahllose Abbildungen einer Schlange, die sich selbst in den Schwanz beißt.

Diese Bildnisse werden **Ouroboros** genannt. Das Medaillon namens »AURYN« aus der Unendlichen Geschichte ist eine abgewandelte Form davon. Die Summe dieser Referenzen bildeten eine Art Kurzvorstellung des neuen Aspekts, und schlugen mit Lichtgeschwindigkeit in meinem Geist ein. Ich war natürlich geschockt, dass gerade *dieses* Wesen mich aufsucht!]

T: Warum ich? Und warum jetzt?

WS: Die Zeit der Elfen ist um. Sie können dir gerne noch mehr ihrer Legenden erzählen, aber nun sind wir an der Reihe!

[Natürlich habe ich die Wesenheit sofort nach einem Namen gefragt. Obwohl sich mir natürlich ein Verdacht – und auch ein Name – schnell aufdrängte ... WELTENSCHLANGE!]

WS: Ich bin vom Wesen her eine Schlange, ja. Ein Heiler, aber auch die einzige Geißel, die Gaia jemals kannte. Ich weiß, du hast Angst vor mir, und in der Tat solltest du mir und dieser Form den größtmöglichen Respekt zollen.

T: Welche Weisheiten möchtest du mit mir teilen?

WS: Alles zu seiner Zeit. Höre zuerst einmal der Geschichte aufmerksam weiter zu. [Wir lesen mit unserem Sohn immer noch

die »Unendliche Geschichte«]. Lerne von dem Kind, dass erst *in* der Geschichte war, und dann daraus emporsteigt. Der Junge wird begleitet von einer sich windenden, ewigen Schlange, die ihrem Träger endlose Kräfte verleiht. Er trägt das AURYN, die Weltenschlange. Er trägt mein Symbol. *Ich habe die Erde in Licht und Dunkelheit gespalten, in Gut und Böse.* Ich bin »der große Drachengeist« [aus meinem Romanzyklus] und ich bin anwesend, wann immer Drachen geboren werden.

T: Bist du wirklich Teil meiner Drachenkind-Legende?

WS: Ich mische mich nicht in eure kleinen Geschichten ein; und ich bin in der Tat kein Freund der Elfen. Die Drachen in deinem Buch nennen mich beim Namen, ja. [Die Figuren in meinen Romanen beten einen sogenannten »Großen Drachengeist« an.] Aber ich habe die Erde nie selbst [körperlich] bewohnt und ich könnte das auch nicht – nicht einmal mit all der mir verliehenen Macht.

T: Wirst du mich durch die nächsten 30 Tage leiten?

WS: In Teilen, ja. Ähnlich wie die Elfen habe auch ich Abkömmlinge, die in den nächsten Wochen deine Aufmerksamkeit benötigen. Fürchte dich nicht vor ihnen. Wenn du uns gegeben hast, was uns zusteht, dann werden wir dich wieder verlassen. Deine Challenge ist *so* viel größer als die Romane! Dieser Umstand hätte dir bis jetzt schon längst klar sein sollen.

T: Ich füge die Teile allmählich zusammen. Und ich habe große Angst vor unserer gemeinsamen Zeit!

WS: **Haben die Elfen dir nicht alles gegeben, was du dir wünschst?**

T: Das haben sie.

WS: **Glaubst du, ich könnte das nicht?**

T: [scherzhaft] Klingt paradiesisch. Versuchst du, einen Deal mit Eva auszuhandeln, liebe Schlange?

WS: **[lacht dunkel] Das versuche ich in der Tat. <u>Jedoch musstet ihr für keinen Handel mit uns jemals eure Seele aufgeben. Eure Zeit, ja. Die will ich! Aber die hast du ja auch den Elfen schon bereitwillig gegeben, also wo ist nun der große Unterschied? Meine Nachricht ist ebenso wichtig wie ihre.</u>**

T: Kannst du mir sagen, ob ich unsere gemeinsamen Texte [schnellstmöglich] mit jemandem teilen sollte?

WS: **Nicht offiziell, nein. [Das bedeutete in diesem Kontext »Nur im kleinen Kreis«.] Momentan fehlen dir noch zu viele Teile dieses Puzzles. Du hast *noch* keine Übersicht. Ich beabsichtige, dir diese Übersicht zu ermöglichen. Schließlich habe ich den Menschen schon immer neue Welten gezeigt, nicht wahr?**

T: Das hast du und ich bin bereit, zuzuhören. Die nächsten 30 Tage gehören dir.

WS: Das klingt in der Tat nach einem sehr guten Handel. Halte nach meinem Zeichen Ausschau – und fange auch an, es zu tragen. Die Belohnung dafür soll reichlich sein.

In den Tagen danach habe ich mir aus dem erwähnten Respekt heraus Schmuck mit dem Symbol der Schlange gekauft und täglich getragen. Ich trage sonst fast nie Schmuck.

Tag 2:
»Akzeptiert das Böse«

07.06.2020

[Es war heute etwas schwierig, reinzukommen, weil ich ziemlich erschöpft war. Aber irgendwann hatte ich die Verbindung.]

Jormungandr: Du bist zu müde. Es ist schwer, mit einer müden Person zu arbeiten.

T: [witzelt] Dann sende mir doch etwas Adrenalin.

[Das hätte ich vielleicht nicht tun sollen! Plötzlich stellte der riesige Schlangenkopf vor mir nämlich seitliche Hautlappen auf wie eine Kragenechse und erschreckte mich halb zu Tode! Aber hey ... es hat gewirkt. Darüber hinaus ist mir immer sehr kalt beim Channeln.]

J: Oh. Sieh mal an, das funktioniert wirklich.

T: Machst du diese Sache mit der Zunge?

J: Nein. Es gibt um mich herum nichts, dessen ich mir nicht bewusst bin. Ich brauche keine sensorische Wahrnehmung durch Züngeln. Das wäre mir absolut nicht von Nutzen.

T: Erzähl mir noch mehr über dich.

J: Ich bin ein Einzelgänger. Außerdem bin ich absolut frei. Niemand, der alle Sinne beisammen hat, sagt einer Schlange, was sie zu tun und zu lassen hat.

T: [zittert.]

J: Meine Frequenz ist recht niedrig. Das spürst du als Kälte. Erinnerst du dich? Ich habe dir erzählt, dass ich die Welt in duale Gegenteile gespalten habe. Ich bin auch derjenige, der sie wieder zusammenfügen kann. Wenn die Menschheit über die Grenzlinie in ein neues Zeitalter gehen will, dann wird das nicht möglich sein, ohne dass ihr euch mit meiner Energie verbindet. Dieser Tage habt ihr die Tendenz entwickelt, euch nur mit den höchsten Frequenzen verbinden zu wollen. Nur mit diesen höchsten Wesen sprechen zu wollen. Aber ihr braucht alle Anteile, um euch zu entwickeln. Das ist der Teil, den niemand hören will. Macht euren Frieden mit den Mördern. Sucht eure Schatten. Sie zu verdrängen hat euch seit der Renaissance nirgendwohin gebracht!

T: Wie können wir deinem Aspekt besser Rechnung tragen?

[Timer abgelaufen. Ab hier wurde meine Konzentration leider wesentlich schlechter.]

J: Akzeptiert »das Böse«. Es kann nicht von eurem Planeten getilgt werden. Es zu bekämpfen ist sinnlos. Energieverschwendung. Du kannst nur entscheiden, kein Teil davon zu sein. Hier sind die

Fakten: Es gibt *nichts*, was du als Individuum tun kannst, um den Aufstieg der Erde an sich zu fördern oder zu behindern. Jedenfalls nicht in deinen täglichen, körperlichen Routinen. (Regenwald verbrennen, Fleisch essen). Kein Fleisch essen zum Beispiel – während du es dennoch herbeisehnst – ist kein Aufstieg. Dem Tod aber dafür zu danken, dass er dein Leben ermöglicht? *Das* ist ein starkes Werkzeug für Weiterentwicklung.

Tag 3:
Niedere Gelüste

08.06.2020

[Ich habe heute zur Einstimmung mein »Artist's Prayer«² gebetet und noch einmal wiederholt, dass ich nur wohlgesonnene Wesen bei mir haben will. Da das eigene »Gebet des Künstlers« etwas sehr Persönliches und Geheimes ist, werde ich es hier nicht weiter ausführen. Aber meines enthält den Satz: »Ich gebe nach und erschaffe das, was mich am meisten verunsichert. Ich gehe meinen Weg und lade alle *wohlmeinenden* Stimmen ein, mich anzuleiten ...«]

J: Jajaja. Wohlmeinend und so. Alles klar. Du weißt aber schon, dass ich die Drecksarbeit der Engel erledige? Ich muss die Erde in größtem Maße physisch beeinflussen, also muss ich hier auch präsent sein. Oh, und noch etwas: Ich schwinge immer noch *höher* als ihr Menschen. Also so viel zu den niedrigen Frequenzwesen. Es gibt in eurer Seelenkategorie überhaupt nichts Niedrigeres als euch Menschen. Tiere, Mineralien usw. haben ihre eigenen Seelenkategorien.

---

² In dem Buch »Der Weg des Künstlers« von Julia Cameron entwickelt man sein gänzlich individuelles Gebet.

Ich bin verantwortlich für deine niederen Chakren – und somit deine niederen Begehren. <u>Da ich keinen Körper habe, sondern nur eine Gedankenform, macht mich das technisch gesehen immer noch zu einem »Engel«.</u>

T: Wow!

J: Ja. Nun wunderst du dich, welches Chakra die Elfen darstellen. Sie sind Kommunikatoren. Blaues Chakra. Halschakra. Dein aktivstes Chakra in diesem Leben. Das ist kein Zufall. Jedes Ritual, das die Elfen besitzen, behandelt das Thema Kommunikation.

[Apocalyptica spielt in meinen Ohren. Das gefällt der Schlange. Cellos und dunkle Klänge.]

J: Das nächste Mal, lass Männer singen oder summen. Buddhistische Mönche. Dunkle Stimmen. Trommeln. T: [denkt so über Frequenzen nach ...]

J: Du weißt wirklich nichts über meine Energie. Ja, ich kümmere mich um eure menschlichen Gelüste. Um die Basisthemen des Lebens. Sex. Essen. Verwurzelung. Aber: Als eigenständiges Wesen will *ich* nichts von alledem. Ihr stellt mich nur so dar! Ich bin das Symbol *erfüllter* Begehren. Ich lasse dich außerdem fühlen, dass du lebst ... manchmal auch auf schmerzliche Art und Weise. (Verlust, Schock, Entwurzelung, Verlassenwerden.)

[Etwas außerhalb meines Wahrnehmungsbereiches ist passiert.]

J: Ich muss jetzt gehen!

[Und weg war die Weltenschlange!]

Tag 4:
Schön und tödlich

09.06.2020

[Mein »Placement«, also die Frage »Wohin sollte ich heute gehen? Was sollte ich heute sehen?«, brachte mich zum Toten Meer – wahrscheinlich auch deshalb, weil ich den Soundtrack »HOME« angemacht hatte und das Lied namens »Dead Seas« lief. Musik beeinflusst mich in großem Maße bei der Arbeit und ich weiß mit absoluter Sicherheit, dass meine Gesprächspartner die richtigen Lieder zur richtigen Zeit spielen lassen. Ich stand also dort und schaute von einem wüstenähnlichen Landstrich über das Tote Meer. Da kam die riesige Schlange von hinten an mich heran und gesellte sich neben mich.]

J: Ist es nicht göttlich? Schön und dennoch tödlich. Denn nicht alles unter der Sonne kann nährend und erhaltend sein.

T: Ich liebe unsere Gespräche, aber mir fällt auf, dass sich das Thema Dualität häuft. Also verzeih mir bitte, liebe Schlange, aber ich verstehe Dualität. Warum kommst du immer wieder auf dieses Thema zurück?

[Die Schlange genießt den Song »Epi« aus dem Soundtrack, wo ein asiatischer Mönch und ein Muezzin gemeinsam singen.]

J: Bleib einfach hier bei mir sitzen. Sieh hinaus aufs Meer. Heute erfreuen wir uns einfach nur an dem Segen, den sogar ein ›toter‹ Ozean uns gewähren kann. Musik. Kreativität. Szenerie.

[Wir sitzen eine Weile still.]

J: Das Leben zu jagen, wird dir den Tod bringen. Den Tod aber zu bewundern, wird dir helfen, das Leben zu genießen.

T: Habe ich das denn? Das Leben gejagt?

J: Nein. Das brauchtest du auch nicht. Zu ausbalancierten Menschen kommt das Leben von allein. Es wird von ihnen angezogen. Es gibt dann keinen Grund, es zu jagen.

T: Es fühlt sich so an, als seien deine Sätze flach, aber ihre Nachricht tief.

J: Tiefer als dieser Ozean, mein Kind. Du weißt nichts von Dualität oder Polarität, so lange dich Sätze wie diese noch überraschen.

T: Tut mir leid. Ich habe wohl doch noch viel zu lernen. Ich habe nur manchmal Angst, dass die Elfen ab jetzt nicht mehr mit mir sprechen werden. Nicht die nächsten 30 Tage und auch danach nicht.

J: Haben sie nicht heute Morgen erst mit dir gesprochen? Hast du nicht erfolgreich ein Stück Roman geschrieben?

T: Doch, das ist wahr.

J: Siehst du? Also werden sie natürlich weiter mit dir sprechen. Aber nicht in der Zeit, die mir gehört. Nur zusätzlich. Die 40 Minuten an 30 Tagen, die du von deinem Alltag für mich abtrennst, gehören mir allein. Wir haben eine Übereinkunft, und die Elfen werden sich daran halten. Werden sich daran halten müssen. Sie sind gebunden.

T: Durch was?

J: Durch ihr Wort. Balance. Das göttliche Ganze. Nenn es, wie du willst.

T: Welche ist die wichtigste Nachricht heute?

J: Alles hat zwei Seiten. Du erlebst dies gerade verstärkt. Dein Mann verärgert dich, du verärgerst ihn. Es gibt in diesem Spiel keine Unschuldslämmer. Aber: Es gibt ein Konzept ohne diese Dualität. Dieses heißt Intuition. <u>Echte Intuition ist karmafrei.</u> Eine Handlungsvariante, die dich und andere nicht mit unnötigem energetischem Ballast beschweren wird. Mit »Bagages« (frz.) oder »baggage« (engl.).

T: ...?

J: Du ziehst meine Worte weiterhin in Zweifel. Das ist irritierend!

T: Tut mir leid. Aber du liest meine Gedanken, das irritiert wiederum mich!

J: Touché.

T: Du hast gerade das französische Wort »bagages« für Gepäck benutzt. Nun »touché«. Bist du eine französische Schlange?

<u>J: Ich bin eine babylonische Schlange – ich spreche jegliche und alle Sprache(n) des Universums. Ich bin der große Teiler. Ich spaltete das Ganze in Teile, damit diese Teile ihre Getrenntheit erleben können.</u>

T: Ich kenne die Geschichte von Babylon leider nicht besonders gut.

J: Allerdings. Das ist frustrierend. Ich war im Turm von Babylon, als die Zivilisation davor zugrunde ging. Ich war in der Bibliothek von Alexandrien, als die besten magischen Schriftrollen der Menschheit zu Asche reduziert wurden.

T: Warum?

J: Weil ich die Dualität ehre. Ich halte sie in so hohen Ehren, dass ich etwas *physisch* in ihrem Sinne verändern kann. Ich habe den Kontinent Atlantis versenkt – und die Schiffe eines jeden Eroberers, von dem du niemals lesen wirst. *Das* ist meine Macht.

T: Also bist du der Tod?

J: Nein. Der Tod braucht keine Helfer. Der Tod vereint, er spaltet niemals. Das Trennen (von Familien etc.) durch den Tod ist Illusion. Du weißt das. Ich bin dasjenige, das auf planetarer Skala Veränderungen manifestiert.

T: Du ... du hast uns das Corona-Virus geschickt?!

J: <u>Geschickt habe ich gar nichts.</u> Aber ich werde dir sagen, dass ich <u>dem Virus über Hürden geholfen haben könnte, wenn sich welche</u> <u>präsentierten. Ich bin kein Lügner, also werde ich dies zugeben.</u> Und danken mir einige Menschen nicht jetzt schon dafür?

T: Ja, das tun sie, das muss ich zugeben. So schrecklich die Pandemie ist, sie hat in einigen Punkten erstaunliche Veränderungen bewirkt. All das klingt nur *so* verrückt!

J: Es ist nicht meine Aufgabe, es schön klingen zu lassen. Oder für dich in Häppchen zu beißen. Oder Schönheit dort einzustreuen, wo keine ist.

T: Du hast wohl recht. Ich muss mich jetzt verabschieden. Bis morgen, vielen Dank. Das war großartig!

Tag 5:
Homo homini lupus

10.06.2020

[Heute hatte ich sofort meine Verbindung. Augen zu und zack! Kein Intro, nichts.]

J: Die Menschen sind mittlerweile stärker als ich. *Ihr* macht jetzt die Stürme. Mit einem Fingerzeig verändert ihr ganze Landstriche. Ein Land. Die Welt. Ihr seid nun wahrlich stärker als Jormungandr. Aber: Das ist *nicht* gut. Ich diene dem großen Ganzen. Der Balance. Das tut ihr nicht. Ihr habt entweder überhaupt keinen Plan oder einen Egoistischen. Ihr seid zu einer Bedrohung geworden.

Homo. Homini. Lupus.

Und all dies für ein System, das niemandem dient. Eine Geschwindigkeit, die eure eigenen Körper nicht durchhalten können. Aber ich erinnere euch daran. Oft. Wann immer ihr dumme, verbotene oder unsinnige Taten begeht, präsentiere ich euch Konsequenzen. Ich serviere euch euren eigenen Müll mit der nächsten Springflut. Ich reiße eure Villen ein. Ich lehre euch äußerste Demut und Bescheidenheit. Ihr Menschen könnt *so* gut sein, *so* logisch und *so* würdig, meine Geschenke zu empfangen – wenn ihr bescheiden seid.

[Ich muss an meine Freundin D. denken, mit der ich schreiben/telefonieren wollte.]

J: Ich mag deine Freundin. Ich verstehe sie voll und ganz. Sie ist eine Entdeckerin, du nicht.

T: Kannst du das näher erläutern?

J: Eine Musikerin erkundet Klang-Energie. Ein Maler erkundet Farb-Energie. Deine Freundin erkundet Universums-Energie.

T: Das verstehe ich nicht.

J: Wenn du deine beiden Füße fest auf dem Boden hast, dann gehört zu diesem Zustand ein gewisses Gefühl. Wenn du auf dem Deck eines Schiffes läufst oder in einem fahrenden Bus, dann fühlst du den Unterschied. Ihr fühlt den Raum um euch herum. Nun ist es so, dass auch euer Geist den Raum auf eine gewisse Art erlebt. Es ist absolut entscheidend, ob du auf dem Mars stehst oder auf der Erde – selbst in astraler Form. Die Erkundung des Universums ist keinesfalls den starken Männern und Frauen in weißen Anzügen und Raketen vorbehalten. Die meisten Kundschafter des Universums leben ein äußerst ruhiges Leben. Abgeschieden. Keine Kameras, kein Weltruhm. Ich beneide sie, denn ich bin hier gebunden. Ich bin das am meisten erdgebundene Wesen, dem du jemals begegnen wirst.

[Wir sitzen einen Moment still da.]

T: Welche ist die wichtigste Nachricht des Tages?

J: Mach dir keine Sorgen, wenn manche Tage keinen Ertrag [keine Nachrichten] bringen. Wir können nicht alles an jedem Tag mit dir teilen. Es gibt sog. »Windows of Opportunity«, also Zeitfenster, in denen einige Dinge natürlicher fließen als andere. Fenster in der Zeit, sozusagen. Es gibt universelle Zeitpläne mit genauen Abfolgen, denn ihr habt ja lineare Zeit. Außerdem gibt es gedankliche Fallen an manchen Tagen. All dies kommt zusammen und hat Einfluss auf unsere Kommunikation.

T: Ah, ich kenne das Prinzip. Wenn man einem Menschen sagt ›Denke heute NICHT an einen rosa Elefanten!‹, wird er den ganzen Tag nichts anderes tun.

J: Exakt.

[Ich habe keine Ahnung, warum genau es passierte, aber die Riesenschlange hat mich *abgeleckt* nach diesem Satz! Vom Brustbein einmal den Hals lang und hoch bis zum Kinn. Das war schon ziemlich verrückt – und wie immer, wenn die Schlange mir nahe ist, war mir entsetzlich kalt. Noch heftiger war aber der Effekt der ganzen Sache, denn plötzlich konnte ich nicht mehr mitschreiben! Ich konnte die

Arme nicht mehr heben. Wollte auch nicht mehr. Dafür kam eine tiefe Ruhe über mich, aber auch ein Rausch. Ein bisschen fühlte es sich an, als sei ich Drogen [nehme ich mal an?]. Der Kontakt wurde davon aber nicht gestört, er wurde sogar noch tiefer. Ein paar Minuten später war der ganze Spuk vorbei und mein Timer klingelte. Die Schlange hatte nichts weiter gesagt. Ich sollte mich vielleicht nur mal so richtig entspannen, wer weiß?

Ich habe sofort D. angerufen und ihr ihren Teil vorgelesen. Und auch sie bestätigte, dass meine Durchgaben für sie einen tiefen Sinn ergeben.]

Tag 6:
Demenz

11.06.2020

[Ich war heute zum ersten Mal meine demente Oma in ihrem neuen Seniorenheim besuchen. Das war emotional sehr anstrengend, um es milde auszudrücken. Daher meine Frage sofort zu Beginn.]

T: Was ist Demenz, liebe Weltenschlange?

J: Demenz hat weniger mit dem Vergessen zu tun als mit der Erinnerung an vieles, was man verloren glaubte. Alles kommt an die Oberfläche. <u>Demenz markiert den Beginn zeitlosen Denkens.</u> Die Gedanken sind nicht »durcheinander« – sie scheinen von eurem Standpunkt aus nur so. *Ihr* wollt noch immer Ordnung in das Leben der Alten bringen, aber sie wählen einen freier fließenden Denkansatz. <u>Demenz ist der Tod des rationalen Hirns. Was übrig bleibt, ist reine Emotion.</u>

T: Ich danke dir so sehr für diese Worte. Und nun: Was ist die wichtigste Nachricht heute?

J: Dass ich für dich da sein kann, selbst wenn du durcheinander bist.

T: Das ist schön. Ich hatte ehrlich gesagt Sorge, ob ich in dem Wirrwarr aus Gedanken und Emotionen heute überhaupt Channeln kann.

J: Ich mag eine große Schlange sein, aber du kannst mich dennoch auf kleine Probleme ansprechen. Siehst du nicht den rasanten Wandel, in dem du steckst? Der Wandel ist im Wortsinne *blitzschnell* momentan!

T: Das fühle ich immer öfter. Aber was springt für dich dabei heraus? Warum bist du bereit, dich mit meinen kleinen Themen zu beschäftigen?

J: [grinst] Was ich davon habe? Nun, ein besseres Image vielleicht? Ein bisschen mehr Verständnis für meine Natur? Nur weil ich Balance herstelle, heißt das doch nicht, dass ich mich nicht erklären möchte oder muss. Wenn ich erkläre, dann habt ihr weniger Grund, mich zu hassen. Und mich zu hassen ist ohnehin totale Energieverschwendung. Es hindert euch am Wachsen. Ich bin ohnehin nicht derjenige, der die Erde momentan würgt. All eure Probleme habt ihr euch selbst geschaffen. Ich *agiere* in diesem Sinne nicht, ich *reagiere* – aber gründlich! Ihr hasst es, wenn ich gründlich bin. Ihr hättet es lieber, wenn ich euren Taten gegenüber blind wäre. Mich zu bekämpfen bedeutet aber, mit euch selbst zu kämpfen, denn ich bin lediglich euer Spiegel.

T: Wie erreichen wir also mehr Balance?

J: Nimm wieder das Fleisch als Beispiel. Manche Leute sagen: »Kein Fleisch essen, niemals!« Andere sagen: »Ich werde alles Fleisch essen, das ich will!« Das hat keine Balance. Ich – die personifizierte Balance – sage dir: <u>Du kannst ganz genau so viel Fleisch haben, wie du Tiere halten, füttern und pflegen kannst, *ohne* sie selbst oder andere Menschen dabei zu unterdrücken. Du kannst exakt so viele Tiere für dich schlachten lassen, wie du Seelen findest, die das *ohne Druck* durch Geld etc. für dich tun.</u>

[Timer abgelaufen.]

T: Liebe Schlange, das war fantastisch, 1.000 Dank. Mehr davon morgen?

J: So soll es sein.

Tag 8:
»Bringt eure Tempel wieder zusammen«

13.06.2020

[Tag 7= Keine Session. Beim Versuch eingeschlafen.]

[Obwohl ich gestern keine Anbindung fand, hatte ich heute kaum die Augen geschlossen und war bereit. Jormungandr, die riesige Weltenschlange, blickte mich an, eingerahmt von einem langen Tempelgang. Ich stand unvermittelt vor diesem Tempel in der Wüste und fragte mich, wieso, weshalb, warum.]

J: Komm nur herein. Es gibt viel zu besprechen.

T: Tut mir leid wegen gestern. Mann, ich habe eine Stunde geschlafen! War ich trotzdem bei dir?

J: Warst du. Sich daran zu erinnern ist nicht der wichtigste Teil der Aufgabe.

T: Okay. Meine Freundin D. lässt übrigens grüßen.

J: Das habe ich vernommen.

T: Was ist denn nun gestern alles geschehen?

J: Viel!

T: Warum dieser Tempel?

J: Du hast wirklich keine Ahnung, wer du bist, nicht wahr?

T: Ich fürchte nein.

J: Ist das Leben dann nicht sehr seltsam?

T: Nun, ich kenne es ja nur so.

J: Hm.

T: Wer bin ich denn? Hat dieser Tempel etwas damit zu tun? Er sieht altägyptisch aus.

J: Das ist er auch. Du wurdest »einmal« – und ich meine hier nicht »nur ein Mal in der Vergangenheit« – ins Tempelleben geboren. Heiß, sandig, aber auch voller Empathie. Saftig grün, einer Oase ähnlich. Deshalb tanzt du auch. Deshalb gehst du auch so gerne spazieren. Es ist außerdem der Grund, warum du in einem kalten Land geboren wurdest und warum du dich ohne langes Haar nicht wie du selbst fühlst. Weißt du, die Frauen in diesem Tempel waren frei. Lass dir von niemandem etwas anderes einreden. Einige waren Prophetinnen, andere genossen fleischliche Freuden, wieder andere waren Musen und tanzten heilige Tänze für die Götter.

T: Was davon war ich?

J: Alles davon. Du hast mehrere Leben hier verbracht, denn der Tempel hatte so viel zu bieten.

T: Wer war noch dort?

J: Deine Schwester, Tempelfrau durch und durch.

[An diesem Punkt fing ich das Zweifeln an, ich gebe es offen zu. Das sind einfach zu viele Zufälle auf einmal.]

J: <u>Das Universum funktioniert wie ein gigantisches Uhrwerk. Es enthält die größten Getriebeteile und die kleinsten Zahnrädchen, die ihr Menschen euch vorstellen könnt. Es funktioniert perfekt. Aber es ist unsichtbar für euch. Das, was ihr Glück nennt oder Zufall oder Schicksal *ist* in Wirklichkeit die kontinuierliche Arbeit dieses Uhrwerkes. Ihr seid immer nur so fasziniert, dass ein Ticken dieser Uhr aufs nächste folgt, weil ihr das Uhrwerk noch nie mit eigenen Augen gesehen habt.</u>

T: Ich glaube, ich verstehe das jetzt besser. Bitte fahre fort.

J: Deine Freundin D. lebte ebenfalls in diesem Tempel. Deine andere Freundin V. übrigens auch. Du bist umgeben von Priesterinnen und Priestern. Damals und heute. Du müsstest es nur mal glauben! Deshalb *weißt* du auch, was du für dich und andere tun musst – und was nicht. <u>Du und die anderen Frauen, ihr nehmt euch gerade wieder zurück, was ihr hattet. Richtig so! Bringt eure Tempel wieder zusammen. Oder baut neue. Niemand wird sie euch auf dem Silbertablett servieren. Kämpft für sie. Und dann: Lehrt Balance in allen Dingen.</u>

T: Aber ich bin doch eine Schreiberin. Ich muss mich auf diese Arbeit konzentrieren.

J: Eine Schreiberin benötigt ebenfalls liebevolle Verbindungen mit anderen. Schwesternschaft. Und jeder Tempel braucht überdies eine Schreiberin. Übrigens liebst du es, anderen beizubringen, wie sie das Ungeplante niederschreiben können. Das Unvorhersehbare. Die weisen Geschichten von Allem-was-ist.

T: Das ist wahr.

Tag 9:
Impulse

14.06.2020

[Heute war hart. Viel Info, viel zu verdauen. Im Grunde ist es nicht neu. Aber die Durchgabe war einfach heftig.]

J: **Ah, die neuen Impulse.** [Ich hatte heute ein sehr nettes Vorgespräch für ein Online-Interview zum Thema Hochsensitivität und kreatives Schreiben.]

T: Hey.

J: **Was? Du** <u>**brauchst**</u> **neue Impulse. Viel mehr als andere Leute. Übrigens habe ich dir all die Bilder von St. Michael's Mount aufgezeigt, gern geschehen.**

T: Danke! Total faszinierend, dass es in Cornwall eine wesentlich unbekanntere Version des berühmten französischen Gezeitenklosters Mont-Saint-Michel gibt. Die heißen sogar gleich. Da schnallt man doch ab, oder?!

J: **War mir eine Freude.**

T: Ich habe nochmal über diese Tempel-Sache von gestern nachgedacht. Sehr lange, um genau zu sein. Wenn ich mein Leben so anschaue, dann macht das tatsächlich alles Sinn.

J: Natürlich tut es das. Aber das soll heute nicht unser Thema sein.

T: Was dann, liebe Schlange?

J: Impulse. Hör nie auf, sie zu suchen. Wenn du das tust, wirst du innerlich verenden.

T: Das klingt überaus wahr in meinen Ohren.

J: Weil es das ist! Du verabscheust Umgebungen mit zu wenig Impulsen, da du diese Wahrheit jederzeit tief in dir spürst. Eure alten Menschen beispielsweise: Nimm ihre täglichen Impulse weg, die ganz mondänen Dinge, und ihr Geist geht zugrunde. Er geht dann mehr und mehr fort und sucht auf der anderen Seite, wenn hier keine Impulse mehr zu haben sind. Dann seid ihr – die Angehörigen – besorgt, und das solltet ihr auch sein. Nicht weil die Älteren sich darauf vorbereiten, ganz und gar fortzugehen ... sondern weil ihr diejenigen seid, die die Impulse fortnehmen.

T: Ich will ehrlich sein, das ist eine Menge, die ich verarbeiten muss. Warum erzählst du mir von solchen Dingen, obwohl ich nicht die Macht habe, sie zu verändern?

J: Erstens, weil deine Großmutter den Ausschlag für meine Worte gab. Und zweitens, weil du sehr wohl etwas ändern kannst. Du bist eine Schreiberin und ich leite dich nicht von diesem Thema ab. Aber: Du erhältst eben viele Impulse (Ideen/ Geschichten) und im Namen der Balance ist es deine heilige Pflicht, sie anderen weiterzugeben. Du manifestierst Ideen. Es ist Zeit, dass du dies vollständig verstehst. Die Menschen schöpfen ihre vernünftigsten Prinzipien, Techniken und sogar ihre vernünftigste Technologie (wie Smartphones) aus Büchern und Geschichten! Manche Leute behaupten, sie würden sie dadurch »stehlen«, aber dieser Effekt war schon immer so gewollt. <u>So funktionieren eure Gehirne eben: Storytelling!</u> Einer der ganz großen Vorteile eurer Kultur(en). Das genannte Medium (du) braucht ein Medium (TV, Papier, Stimme), um die Nachrichten der geistigen Welt auf der Erde zu multiplizieren. Jede gute (und schlechte) Nachricht auf eurem Planeten braucht diese beiden Arten von Medien, um sich zur richtigen Zeit am richtigen Ort auf die passende Art und Weise manifestieren zu können.

T: Meinst du, ich bin wie Neale Donald Walsch (»Gespräche mit Gott«)? Wie Dolores Cannon (Autorin und Rückführungscoach)?

J: Warum denn nicht? Sie sind nur Menschen, die etwas aufgeschrieben haben, richtig?

T: Du übst enormen Druck auf mich aus, wenn du mich mit diesen Namen vergleichst. Warum tust du das?

J: Du sitzt oft ehrfürchtig vor ihren Büchern und denkst darüber nach, wie viele Jahrzehnte Dolores stur und leise diese Arbeit machte. Walsch war etwas schneller, aber nicht so viel. Du, meine Liebe, musst zehn Mal schneller sein als er. Es ist essenziell, dass du an dieser Stelle nicht versagst.

T: Begreifst du, was du da zu mir sagst?

J: Du <u>willst</u> das hier. Du wurdest dafür geboren, exakt das hier zu wollen. Wir haben dich beschützt. Wir haben dich beschäftigt gehalten. Wir haben dich in einem Maße geschult, das du niemals bewusst begreifen können wirst. <u>DIE ZEIT IST VON ENTSCHEIDENDER BEDEUTUNG FÜR UNS.</u>

[Ich bekomme den Song »Overproduction« aus dem HOME-Soundtrack ins Ohr. Darin tickt eine Uhr sehr schnell!]

J: Dieses ganze Gerede von Zeitlosigkeit hat unserer Agenda an einigen Stellen ziemlich geschadet. Ja, *wir* sind zeitlos. Aber wir arbeiten mit <u>euch</u> in <u>eurem</u> Umfeld und den Beschränkungen <u>eurer</u> linearen Zeit.

T: Also läuft uns wirklich die Zeit davon. Du kannst es ruhig sagen, ist okay. Ich habe mich dran gewöhnt.

<u>J: Ja, euch läuft die Zeit davon. Tut mir leid. Ich habe es dir schon gesagt. Es ist nicht mein Griff, der gelockert werden muss. Es ist eurer.</u>

T: Dann gib mir das Werkzeug. Sag mir, welches Medium sich am meisten anbietet, um eure Worte zu kommunizieren. Kann ich unsere gemeinsamen Texte ins Netz stellen?

J: Ja. Erzähl jedem davon, den du kennst. Schreib einige Leute an. Du weißt welche. Ihre Namen geistern ständig in deinem Kopf herum.

T: [denkt über Schnipsel-Plattformen nach. Dort postet man jeden Tag ein kleines Stück, die Leser werden täglich informiert, dass ein neuer Schnipsel da ist.]

J: Tu das. Sei kühn in der Erklärung, dass dies *keine* fiktiven Texte sind. Von mir aus kannst du die übrigen Zusammenhänge anonym halten. Ich weiß, ich verlange viel.

Tag 10:
Räucherwerk

15.06.2020

[Ich hatte heute ein bisschen geräuchert zur Einstimmung. Als ich meine Verbindung zu ihm endlich gefunden hatte, war Jormungandr alles andere als begeistert!]

J: Bäh ... Sssssssschlangenabwehrmittel!

T: Oh, magst du kein Räucherwerk?

J: Ich bin eine dem Wasser verbundene Schlange, mein Element ist das Wasser. Nicht Luft.

T: Entschuldige. Ich wollte eigentlich einladend wirken mit meinem kleinen Ritual.

J: Oh, du bist auch einladend. Nur nicht mir gegenüber. Mit Luft-Ritualen kannst du dich mit Luftgeistern verbinden. Du könntest sogar mit den vier Winden persönlich in Kontakt kommen. Aber alle Wesen, die kriechen und schlängeln, werden von Feuer und Rauch abgestoßen.

T: Dann noch einmal, entschuldige bitte. Ich dachte, das Ritual wäre gut, um mit euch Göttern in Verbindung zu treten.

J: Ich bin keine Gottheit. Ich sagte dir schon, ich bin sehr erdgebunden. Ich kann kein »Gott« sein, was auch immer das genau enthalten würde. Ich bin auch nicht dämonisch. Ich bin und bleibe dazwischen.

T: Danke, dass du das geklärt hast. [Ich zeige ihm meinen neuen, schlangenförmigen Armreif.] Ich trage jetzt dein Zeichen. Ich hoffe, du magst es.

J: Es ist halbwegs adäquat. Echtes Silber oder Gold wäre besser, aber dies ist ein Anfang.

T: Es erinnert mich an deine weisen Worte.

J: Dann ist es in der Tat passend. Denn das will ich. Wann auch immer du dich von der Balance entfernst, dich aufregst oder vergessen hast, was du nun gelernt haben solltest, dann werde ich dich daran erinnern.

T: Ist ein ausbalanciertes Leben eigentlich ein ordinäres Leben?

J: Nein. Erst einmal, weil ordinäre Menschen meist gar nicht viele Gedanken auf Balance verwenden. Und zweitens, weil Balance sich für alle ganz unterschiedlich zeigt. Wir haben dir gesagt, du sollst *deine* Balance finden.

T: [denkt über tausend Dinge nach.]

J: Du bist heute sehr abgelenkt. Das ist okay, keine Sorge. Aber schreib diese E-Mails, die du verfassen wolltest. [Ich überlege seit einigen Tagen tatsächlich, einige Leute in der Channeling-Szene anzusprechen.]

Tag 12:
»Gib mir Zeit
aus deinem Tag«

17.06.2020

[Tag 11: Keine Session.]

[Ich hatte heute zu Beginn übers Nordic Walking nachgedacht, und obwohl ich Joggen verabscheue, bin ich schon ganz süchtig nach meiner täglichen Walking-Runde. Das ist ja auch eines der wenigen Dinge, die ich tun kann, um in Lockdown und Co. nicht wahnsinnig zu werden zu Hause.]

J: <u>Alles, was du scheust, das setze ich in deinen Weg. Alles, was du bewunderst, pausiere ich.</u>

T: [denkt über die Verbindung zwischen Laufen und Spiritualität nach.]

J: Du musst nicht nach Mekka oder zum nächsten Tempel pilgern. Du musst dich nicht alle paar Meter in den Staub werfen. Aber <u>gib mir etwas Zeit aus deinem Tag – und zwar jeden einzelnen Tag!</u>

Der Sabbat war ein nettes Konzept und er passte in eine Zeit, in der ein Brot der Lohn deines Tagwerks war. Heute solltest du unbedingt

30-40 Minuten für dich selbst beiseiteschaffen – eine Stunde, wenn du über die eigentliche Meditation hinaus etwas aufschreiben oder zeichnen willst. Auf diese Art verlierst du niemals deine Balance. Kommst nie ins Straucheln. <u>Wir sind großartige Helfer, wenn du uns die Zeit einräumst, helfen zu dürfen.</u>

T: Tut mir leid, dass es gestern nicht geklappt hat. Ich habe wirklich versucht, mich zu konzentrieren.

J: Immerhin bemerkst du jetzt, dass diese Ausfälle doch eher selten sind. Und dass der Tag danach das Warten oft wert ist.

T: Du hast vor ein paar Tagen gesagt, ihr beschützt mich. Können wir über einige Momente in meinem Leben sprechen, wo das der Fall war?

J: Sicherheit war dir schon immer wichtig. Das liegt teilweise daran, dass du die hässlichste Seite betrunkener Massen schon erlebt hast – als Hexe zum Beispiel. Deshalb legst du keinen wert auf Trinkgelage – und die Frauen in deiner Familie ebenso wenig. Aber es gab auch andere Gelegenheiten, bei denen der Eingriff wesentlich direkter war. Beinahe-Unfälle mit dem Auto, wo wir dein Steuer übernahmen. Ein Arzt, *genau* zur richtigen Zeit an *genau* dem richtigen Ort. Oder deine Seelenfamilie, die an dein Bett kam nach der Augen-OP und deine Schmerzen auflöste, als niemand dir Schmerzmittel für die Nacht geben wollte. Und ja, ganz selten sogar menschliche Schutzschilder. Deine Schwester. Deine Mutter bei kleineren Gelegenheiten. Und hier schrecken wir nicht davor zurück, zu sagen: Du bist in diesem Punkt absolut nichts Besonderes!

T: Irgendwie ist das wirklich beruhigend.

J: Es wäre ja auch schrecklich, zu wissen, dass du geschützt wirst und andere nicht. Es gab noch einen Moment, wo dir unumstößlich klar wurde, dass wir für dich da sind. Du bist damals auf einer vereisten Straße gefahren und fast in einen Pfosten hineingerauscht. Die Bremse war bereits am Anschlag, und du bist immer weiter gerutscht. Viele, viele Meter weit. Also hast du deine Augen geschlossen – und angefangen zu beten. Einen Zentimeter vor dem Pfosten kamst du zum Stehen. Alles war gut.

[Jedes Wort hiervon ist wahr. Als Fahranfängerin kam ich tatsächlich in genau diese Situation. Es wäre wahrscheinlich nicht so arg viel passiert, aber welche 18-Jährige wäre nicht absolut in Schock gewesen? Und auch die anderen Schlagworte sind so korrekt. Ich habe schon am Krankenhausbett Heilung von der anderen Seite erhalten und in jedem essenziellen Moment meines Lebens war jemand/etwas an meiner Seite.]

T: Das habe ich nie vergessen. Und ihr habt nicht mal eine Gegenleistung gefordert. Nie.

J: Oh, wir haben eine Menge als Gegenleistung gefordert – nur nichts, was du uns bewusst gegeben hast oder dir hättest bewusst machen können. Bis jetzt.

T: Die Texte.

J: **Die Texte, ganz genau.**

T: Manchmal frage ich mich, ob ich sterben werde, wenn alles endlich niedergeschrieben ist.

J: <u>**Natürlich wirst du das. Genau wie jeder andere, der sein Lebensziel erfüllt hat.**</u> **Aber: Da es im Leben jedoch viele Millionen Nebenaufgaben gibt, kannst du deinen Körper noch *lange* behalten, nachdem deine wichtigsten Dinge erledigt sind.**

T: Hört ihr dann auf, uns zu beschützen?

J: **Natürlich nicht. <u>Niemals.</u>**

Tag 13:
Alles findet einen
neuen Rhythmus

18.06.2020

T: Danke, dass du auf mich und meine Liebsten aufpasst. Das wollte ich nach unserem gestrigen Gespräch auf jeden Fall noch hinzufügen.

J: Gern.

T: [denkt mal wieder über Campervans nach.]

J: Träum jetzt deinen größten Traum. Sei mutig. Du kannst wahrhaftig alles haben. Reise zu Freundinnen oder Interviewpartnern oder anderen Autoren. Familie, dein Ehemann und Liebe. Du kannst alles gleichzeitig haben.

T: Mein Gott, das klingt gut. [Pause.] Was für eine seltsame, seltsame Zeit das ist durch diese Pandemie. Alles verändert sich *so* schnell.

J: Und zum Besseren.

T: So scheint es. Aber so viele sind tot.

J: Sie hatten ohnehin geplant, die Erde für den Moment zu verlassen. Es war an der Zeit. Alles findet nun einen neuen Rhythmus. Selbst ihr beiden als Ehepaar. Es ist wirklich kein

Wunder, dass es überall etwas knirscht und es Reibung gibt. Ihr werdet euch umorganisieren – oder die Situation verlassen. Ihr bleibt entweder verhaftet in Angst oder ihr steigt auf in ungekannte Höhen. Also TRÄUME. Geh und mach dir eine Liste dazu. Dein persönliches Minimum und Maximum der Traumerfüllung. Du kannst selbst vom Minimum noch jederzeit upgraden!

T: Ich danke dir.

Tag 14:
Das Bild der Schlange vergeht

19.06.2020

[Die heutige Session war emotional sehr anstrengend. Aber das wusste ich ja zu Anfang nicht, und so sagte ich nichtsahnend und fröhlich: »An der Außenseite meines Vans wäre ein großes Logo von »The Travelling Scribe« – der reisenden Schreiberin. Es dauerte jedoch mehrere Minuten, bis irgendwann eine Antwort kam.]

J: [schwach] Das ist schön. Wie ich sagte, du kannst das alles haben.

[Ich merkte sofort, dass etwas nicht stimmte. Normalerweise sendet die Weltenschlange mir Bilder von ihrer mächtigen, großen Gestalt. Aber das erste Bild, das ich heute sah, war von sandverkrusteten, tränenden Augen. Eine dünne, kleine Blindschleiche lag vor meinen Füßen im Staub. Es war herzzerreißend und viele Minuten dachte ich, ich müsse mich irren.]

T: Was ist los?!

J: Ich bin schwach. Unsere Zeit neigt sich dem Ende.

T: Aber es waren doch erst zwei Wochen!

J: Weil ich den inkarnierten Seelen wie dir so nahegekommen bin, kann dieser kleinste Teil von mir geschädigt werden. Er kann vergehen. Wenn ich dir meine Geheimnisse erzähle; wenn ich dir meine Geschichte erzähle, dann schwäche ich diesen kleinstmöglichen Teil von mir. Aber ich tue es trotzdem.

T: [weint] Gibt es nichts, was ich für dich tun kann? Komm auf meinen Schoß, liebe Schlange. Ruh dich aus. Ich sorge mich um dich. Aber wie kannst du Energie verlieren? Sicherlich kannst du mehr Energie für diese Form herbeiholen??

J: Die anderen, größeren Teile von mir können dies. Und tun es auch. Aber dieser Teil von mir, der jetzt gerade so direkt zu dir sprechen kann, befindet sich »in-story« [Vgl. Band 1]. Er steckt tief in seiner eigenen »Geschichte«. Dies ist die niedrigste Stufe, die ich erreichen kann. Aber ihr lernt so viel durch unser energetisches Opfer. Deshalb tun wir es. Es gibt manchmal aufgestiegene Wesen, die gehen so komplett »in-story«, dass sie in einen Körper geboren werden. Einen davon nanntet ihr Yeshua/Jesus und er wird deiner Art noch lange in Erinnerung bleiben.

Die Bücher, die ihr über solche wie ihn schreibt, sind nicht deshalb heilig, weil sie ihn erwähnen. Sie sind heilig, weil tausende Meister »in-story« gegangen sind und energetisch geholfen haben, dass sie geschrieben werden. Sie opferten einen Teil ihrer Energie für diese

Schriften. Solche Bücher sprechen von Energie und von nichts anderem.

Dann seid ihr hingegangen und habt Teile der Lehre ausgelassen. Das ist das schlimmste Verbrechen, das die Menschheit sich jemals hat zu Schulden kommen lassen: Die ursprüngliche Bedeutung wurde von einigen wenigen *wissentlich* zum Schlechteren verändert, um deren Agenda voranzubringen.

Aber es gibt Hoffnung: So viele von euch durchblicken nun all die Lügen. So viele geborene Schreiber und Wissenshüterinnen suchen jetzt die alten, ursprünglichen Bedeutungen. Das Herz weiß, wenn es von einer Geschichte betrogen wird. Ihr wendet euch angewidert davon ab. In diesem Sinne ist es euer *Recht*, euch von der Bibel, dem Koran und der Thora abzuwenden. Nicht, weil die Nachricht oder die Intention der Meister unwichtig oder aufrichtig waren, sondern weil mächtige religiöse und politische Kräfte euch zu weit vom Original weggeführt haben. Eure Seelen aber werden von der Wahrheit angezogen. Das ist wie Magnetismus. Ihr als Gesellschaften bekommt nun viel der ursprünglichen Materialien, und das sogar in einem viel kleineren Zeitrahmen. Deshalb gibt es wortwörtlich täglich neue Informationen [von Spirit].

T: War das die wichtigste Nachricht des Tages? Ich bin so traurig und verwirrt heute. Mein Herz schmerzt, solches Mitleid habe ich mit dir.

J: Das brauchst du nicht. Andere – und auch weitere Anteile von mir – werden dir (ihre) Teile und Bruchstücke ihrer wichtigsten Wahrheiten zur Niederschrift bringen. <u>Die Elfen waren wirklich nur der Startschuss. Und ich war nur der nächste Schritt auf dieser Treppe.</u>

T: Ich kann mir beim besten Willen nicht vorstellen, was mir als Nächstes begegnen könnte, das noch großartiger, weiser und erstaunlicher ist als du, lieber Jormungandr.

J: Ich jedoch kann das. Aber für den Moment, bitte trage weiterhin mein Zeichen. Das gibt mir Kraft.

Ich finde es unfassbar faszinierend, dass die niedrigsten Stufen, in die Spirit sich hineinsenken kann, »in-story« genannt werden. Denn wie sagen wir Menschen so schön? Jeder Mensch hat seine eigene GESCHICHTE! Wenn wir geboren werden, gehen wir damit per Definition »in unsere eigene Geschichte«.

Ich gehe anhand meiner weiteren Erfahrungen mit den Formen, die meine Gesprächspartner mit für das Gespräch senden mittlerweile davon aus, dass dieser energetische Teil der Weltenschlange später an dem Tag tatsächlich »starb«. Sie wollte mir das nur nicht bis zum bitteren Ende zeigen. Die Energie, die dieses Abbild des Weltenschlangenbewusstseins mitgebracht hatte, war verbraucht. Da wir Menschen das Gesamtbewusstsein dieser

Wesen niemals in Gänze sprechen oder in seiner Gegenwart sein könnten, senden unsere Gesprächspartner eben nur kleine Bruchstücke – und deren Energie ist irgendwann verbraucht. Alles-was-ist schneidet sich im wahrsten Sinne des Wortes für uns in Stücke, um uns Hilfestellung zu geben ... und wir haben keine Ahnung davon.

Im späteren Verlauf der Journale wird noch oft und tiefer auf dieses Prinzip eingegangen, das ich das »Kerzen-Gleichnis« genannt habe. Und mittlerweile war ich auch einige Male dabei ... bis zum bitteren Ende. Ich bin sehr gut mit Worten, aber ich glaube nicht, dass ich den »Tod« eines Göttersplitters jemals in Worte werde fassen können.

Tag 15:
Fragen von außen

20.06.2020

[Man muss zur heutigen Session wissen, dass sowohl Sommersonnenwende als auch Neumond war. Aus diesem Grund haben sich meine Freundinnen A., V., ich und zwei neue Mädels bei A. getroffen zum »Hexentreffen« mit Live-Channeling. Der folgende Text ist ein Transkript meiner Audio-Aufnahme.

Ich hatte überlegt, diesen Tag komplett auszusparen, aber man sieht hier wunderbar, **wie** meine Interviewpartner Fragen von Außenstehenden beantworten und wie der ganze Prozess ablaufen kann.

Im Übrigen kam es mir überhaupt nicht in den Sinn, das Treffen abzusagen wegen der Geschehnisse am Vortag, und Jormungandrs aufgelöster Form. Zu glauben, die Weltenschlange würde oder könnte an dem Tag nicht erscheinen, ist das eine. Aber wir hätten auch jeden anderen Gast dankbar in unserer Mitte empfangen. Na ja, jeden netten anderen Gast. Zusätzlich wäre das aber Mangeldenken gewesen. Die geistige Welt ist nun einmal *nicht* wie die physische, und »nur« weil er mir zeigte, dass sein Energievorrat erschöpft ist, bedeutet das für unsere nächste Session noch gar nichts. Ich gehe felsenfest davon aus, dass die Schlange parallel ein zweites, mit frischer Energie ausgestattetes Bild von sich hätte schicken können, oder tausend andere Optionen gehabt hätte. Aber irgendwann müssen wir Channels ja auch verarbeiten, was wir sehen und hören. Eigentlich lassen sie *dafür* Zeit ... und nicht für ihre Vorgänge.]

Audio-Transkript:

T: Ich stehe vor einem wunderschönen Tempel. Die Weltenschlange ist da. Sie ist wieder sehr groß und sehr schön, und wir stehen an einem kleinen Bachlauf, der sich dort vorbeischlängelt. Es sieht aus wie eine Oase, nur mit einem Bach statt einem Teich. Die Schlange schaut aufs Wasser. Sie sagt: **»Schau auf den Bach und du siehst dich selbst.«**

T: Liebe Weltenschlange, wie du merkst, habe ich dir heute andere Menschen mitgebracht. (Zu den anderen:) Ein Abbild von euch steht nun bei uns in der Oase, ihr seid also *anwesend*. Vielleicht hört ihr den Bach sogar plätschern und rundherum ist es wunderschön grün, mit Palmen. Dahinter beginnt dann die Wüste.

Jormungandr: Ich habe dir aufgetragen, die Frauen deines Tempels wieder zusammenzubringen. Und jetzt steht ihr hier, also danke

dafür. Jede von euch kann nun die Augen schließen und in dieses Wasser schauen. Seht euch selbst – und dann fragt mich die Frage, die euch am deutlichsten und lautesten in den Kopf bzw. in euer Herz kommt. Wenn sie möchte, kann A. beginnen.

A.: Verdammt! [Sie will offensichtlich nicht anfangen, fragt aber trotzdem.] Wie löse ich die letzte vorhandene Blockade auf?

J: Wasser fließt immer über Kiesel hinweg, nie darunter hindurch. Diesen Satz merke dir. Aber manchmal hilft es auch einfach, aus dem Strom herauszusteigen und die Steine einfach Steine sein zu lassen.

T: V. darf nun eine Frage stellen.

V: Warum bin ich hier?

J: [etwas ungehalten] Das haben dir die Elfen bereits gesagt. Sie hatten Recht, als sie sagten, du seist ein »Konnektor«, ein Bindeglied. Du denkst hier an ein mechanisches Teil, obwohl du weißt, dass du das nicht tun solltest. In Wahrheit kennt ein Konnektor keine Grenzen. Es gibt keine Beschränkung, was an einer Seite hinein und zur anderen wieder herauskommen kann. Und die Richtungen sind auch egal. Du kannst eine Million Dinge haben, die an der einen Seite hineinkommen, und eine Million Dinge haben, die an der anderen Seite herauskommen. Oft realisierst du nicht mal, dass du geholfen hast, aber das hast du. Du folgst dem richtigen Instinkt, wenn du dich mit allem und jedem vernetzen willst. Es gab da etwas, dass die Elfen zu dir gesagt haben über deine Limits. Sie sagten, dein Geist schweift gern umher [Wortlaut: »Your friend's mind is cluttered«], und dass er das nicht tun sollte. Ich aber denke, er sollte schweifen. Ja, alles wird dann etwas länger dauern. Aber diese »Umwege« bedeuten auch, dass du Ziele erreichen kannst, die du von deinem momentanen Standpunkt aus gar nicht sehen kannst. Weil sie eben zusätzliche Ziele sind. Sie sind vielzähliger. Diese Ziele sind weiter gefasst als das, was du im Moment versucht – und was die Elfen dir als Spielwiese abgesteckt haben. Am Ende liegt es an dir, ob du wählst, dich auf einen kleineren Bereich zu konzentrieren oder auf einen größeren, das Endergebnis wird das Gleiche sein. Denn was dich steuert, steuert dich zuverlässig und auf eine ganzheitliche Art und Weise. Du bist nie beschränkt auf nur ein Thema. Nur ein Ziel. Nur einen Gedanken. Denn kein einzelner Gedanke kann getrennt werden von einem anderen innerhalb von Allem-was-ist. Beantwortete das deine Frage?

V: Ja, vielen Dank.

J: [an D., eine der neuen Teilnehmerinnen]: Du kannst jetzt deine Frage stellen.

D: Werde ich jemals genug für mich sein?

J: Die Frage, die du stellen möchtest, ist tatsächlich nicht »Kann ich an mich selbst glauben?«, sondern »Kann ich GLAUBEN«, Punkt. Du glaubst noch nicht an mich, und das ist in Ordnung. Du hast dazu bisher keinen Grund. Kennst du das Spiel der Wahrscheinlichkeiten?

D: Nein.

J: Das Spiel der Wahrscheinlichkeiten findet in deinem Geist statt und geht so: Stell dir vor, du bist ein Funke. *Ein* kleiner Funke in einem Universum so groß, dass kein Gehirn es erdenken kann und kein Maß es messen kann. Wie kann es sein, dass dieser Funke es schafft, unter Milliarden von Galaxien, Planeten, Kontinenten, Ländern, Städten, Straßen, Häusern und Räumen heute hier zu sein? Die Wahrscheinlichkeit, dass ein Funke dies schafft, – aus purem Zufall – ist nicht beschreibbar. Sie ist rechnerisch nicht vorhanden. Die Wahrscheinlichkeit besagt, du bist gar nicht hier. [Hier kämpfte ich ziemlich mit Worten] Entschuldigung! Die MATHEMATIK sagt, du bist gar nicht hier. Aber eins weiß die Mathematik nicht – nämlich, dass dieser Funke einen Willen besitzt, und dieser will hier sein. Das bedeutet Glauben. Dieses Wissen. Und wenn du glauben kannst, dass dein Wille seit dem Urknall jeden Tag und jede Minute über die Mathematik gewinnt und den sog. »Zufall«, dann sollte es ein Leichtes sein, auch an dich zu glauben – so, wie du jetzt gerade bist. Denn die größte Leistung hast du schon erbracht ... weil du hier bist! Es gibt keinen Funken im Universum, der das Gleiche geleistet hat wie du. Der das Gleiche weiß wie du. Und der das Gleiche leisten wird wie du. Wenn du dir dieser Tatsache sicher sein kannst, hast du alles erreicht.

D: Danke.

T: Es gibt noch einen Nachsatz, Moment. Streich das Wort »Zufall« aus deinem Vokabular und nimm ab jetzt an, dass alles, was Zufall genannt wird, kein Zufall ist. Dir wird auffallen, dass Zufälle zu perfekt sind, um abgeschrieben zu werden. So kommst du zur Statistik des Glaubens. [Pause]

T: [An diesem Punkt habe ich eine Welle heftiger Energie von der anderen neuen Teilnehmerin M. wahrgenommen. Ich tippte auf viel Wut.] Was fühlst du gerade, und was denkst du gerade?

M: Ich habe das Gefühl, dass zu D. noch mehr gesagt werden muss. Dass das noch nicht alles war.

J: Das ist schon richtig, aber ich kann mich nur wiederholen: Jeder, der Interesse daran hat, sich selbst kennenzulernen, sollte *mindestens* 30-40 Minuten am Tag sich selbst widmen und der Stille. Und dann *selbst* zuhören. Ich hingegen glaube, dass du, M., mich fortschiebst. Es ist, als stündest du hier in dieser Oase, die Arme verschränkt, ganz und gar abweisend. Irre ich mich?

M: Ich weiß nicht, was du meinst.

J: Du weist mich ab. Was spürst du im Brustkorb? Im Herz-Bereich? Jetzt gerade?

M: Ich spüre es woanders.

J: Wo?

M: Im Rücken.

WS: Wenn du dem Gefühl einen Namen geben müsstest, wie würde es heißen?

M: Ein Drücken. Spannung. ..... Trauer.

J: Da ist eine stille Anklage in dir. Du sagst mir, dass ich nicht für dich da war, und dazu kann ich nur sagen: Ich bin es. Ich war es. Immerzu. Es gab niemals eine Zeit, in der du allein gegangen bist. Das ist nicht Gottes Plan. Das ist nicht, was Alles-was-ist (Gott) tut. Es fühlte sich für dich wie Einsamkeit an, und das tut uns leid. Viele Leute fühlen sich so. Ihr bekommt es nicht mehr beigebracht, euch mit uns zu verbinden. Das ist – in Ermangelung eines besseren Wortes – sündenvoll. Die Menschen haben die Dreistigkeit, ihre Kinder von uns fernzuhalten. Gerade eben habt ihr in eurer Runde sogar darüber gesprochen. Ihr könnt euch sehr gut vorstellen, was ein Leben in Un-Glauben, also ohne Glauben, aussieht – und noch einmal, das tut uns leid. Aber wir können uns euch nicht aufdrängen! Das dürfen wir nicht. Dennoch wird dort immer, immer, *immer* Hilfe sein, wenn ihr darum bittet. Es gibt keinen

Magnet, der sein Gegenteil nicht anzieht, und es gibt kein Gebet ohne irgendeine Art von Antwort. Das ist unmöglich. [Pause. Die Information sackt.] Frag mich noch etwas.

M: Was ist mein nächstes Ziel? Worum darf ich mich kümmern?

J: Gibt es einen Teil der Karriere, der Kinder involviert?

M: Nein.

J: Bist du manchmal umgeben von Kindern?

M: Nein.

J: Kümmere dich um jemanden, der schwächer ist als du selbst, ohne dich selbst schwach zu fühlen. Ich werde nicht weiter ins Detail gehen, wer derjenige ist. Aber du wirst es wissen. Aber bitte schubs nicht weiter den Überbringer der Nachricht. [Ich habe immer noch sehr heftige Gefühle im Solarplexus-Bereich].

J: ... So viel .... Wut in einer Person ... kann Armeen zu Fall bringen. Setz dich hin, allein mit dir selbst, und *fühle*, was du mir da beschreibst. Lass es durch deinen Körper reisen und sich ausbreiten. Es wird sich zuerst wie Krankheit anfühlen. Wenn du diesem Gefühl das aber nicht erlaubst, wird es niemals sein natürliches Ziel finden – und *das* wiederum wird dich krank machen. Sei sehr gewissenhaft damit und schieb es nicht zu lange vor dir her. Das, was in deinem Körper eingeschlossen ist, hält dich davon ab, Freude zu spüren. Frag auch um Hilfe, aber nicht die Außenwelt. Es ist zwar ein gesundheitliches Problem, aber die Außenwelt kann und wird dir damit nicht helfen. Es ist kein Fluch und niemand hat es dort hingesetzt, aber es ist dein Rätsel, das du zu lösen hast. Bist du noch immer ... traurig?

.... Ich lade euch nun ein, von diesem Wasser zu trinken. Stellt euch einfach vor, es sei das sauberste, kälteste, beste und wohlschmeckendste Wasser, dass ihr jemals trinken werdet. Das Wasser dieser Oase kann euch helfen, euren Weg hierher zurückzufinden. Es sieht dann vielleicht unterschiedlich aus. Ich mag vielleicht nicht hier sein. Aber all das ist nicht wichtig. Ein anderer wird dann eure Fragen beantworten. Genießt nun den Sonnenuntergang. Fürs Erste verabschiede ich mich.

Tag 18:
Gebranntes Kind

23.06.2020

[Tag 16 & 17: Keine Session.]

[die Weltenschlange ist wieder bei mir. Ein Glück! Sie scheint gut drauf zu sein, denn ich sehe sie, wie sie vor meinem geistigen Auge auf der Terrasse herumkriecht, auf der ich gerade sitze. Aber etwas ist auch anders an ihr. Sie ist klein und ihre Gestik hat sich geändert. Sie ist fast comichaft. Setzt die Schwanzspitze zum Grübeln ans Maul, tippt dann damit auf meine Laptop-Tastatur. Das gab es vorher nicht!]

T: Ist der andere Teil von dir endgültig fort?

J: Ja. Reintegriert, könnte man sagen.

T: Das ist traurig, aber sehr faszinierend.

J: Es ist eigentlich nicht faszinierender als alle übrigen Vorgänge im Universum. Geburt, Tod. Aufspaltung, Reintegration. Es ist der ewige Kreislauf. Es ist ...

T: Balance!

J: So ist es. Du verstehst das jetzt schon wesentlich besser.

T: Das hoffe ich. Danke dir, Jormungandr. Für all die Dinge, die du für mich und die anderen Frauen geklärt hast.

J: Ich habe dir zu danken für all die Energie, die du an diesem Abend eingesetzt hast. Du warst müde, und das aus gutem Grund. Es kostet dich eben Energie, so tief in unser Gespräch zu versinken. Mich so weit »oben« in der Nähe meines Reiches zu treffen. Mach dir außerdem keine Sorgen über die letzten beiden Tage [an denen keine Session stattfand]. Ja, ich habe dir ein Versprechen abgenommen – nämlich dass du versuchst, an 30 aufeinanderfolgenden Tagen mit mir zu sprechen. Und das tust du. Du versuchst dein Bestes. Du tust alles, um was ich gebeten habe ... nun ja, fast alles. [er grinst mich an und zeigt auf mein schmuckfreies Handgelenk.]

T: Ups. Entschuldige.

J: Keine Sorge.

T: Kann ich dich etwas fragen? Hast du mir all dieses Geld zukommen lassen? Durch den neuen Job und den Auftrag von meiner Freundin V.?

J: Nun, du scheinst es momentan zu brauchen. [Das ist richtig, ich hatte zu der Zeit eine größere Werkstattrechnung zu zahlen!] Die Elfen haben dir am Ende des Tages mit einem Fingerstreich wesentlich mehr zukommen lassen. Da wollte ich mich nicht geizig zeigen.

T: Das ist nett von dir, herzlichen Dank! Sag mal, können wir kurz über diese Texte sprechen und wo sie ihr Publikum haben sollten? Ich mache mir Sorgen, meine Schriften unter meinem eigenen Namen verfügbar zu machen. Wie entscheide ich, wo und wie ich diese Texte veröffentlichen sollte?

J: **Nun, das kommt darauf an, wie viel Publikum du dir vorstellen kannst. Warum meinst du, hat Anna Katmore [»Herzlicht«-Autorin] über einen Verlag veröffentlicht?**

T: Das ist nicht fair. Sie hat vorher schon über Verlage veröffentlicht und hat mehr Erfahrung.

J: **Glaubst du, dein Material ist in irgendeiner Form weniger Wert als ihres?**

T: Nein, natürlich nicht. Ich habe nur gerade von einem tollen Autoren-Pseudonym und einer schlauen Verkleidung geträumt.

J: **Diese Dinge sind Mittel zum Zweck, aber sie sind auch Mittel der Vergangenheit. Es gibt Gründe, warum die besten Lehrer heutzutage die gänzlich normalen sind. Die Nahbaren und Erreichbaren. Zum Beispiel deine beiden neuen Bekannten, M. und D. Die beiden wären niemals zu einer Schamanin, einer Seherin oder einer Wahrsagerin gegangen. Die Hürde in ihrem Kopf ist einfach zu hoch dafür. Unterschätze nicht, wie mächtig diese geistigen Hürden sind. Sie stellen sich immer noch wie Wände der Veränderung in** den Weg. Und wie ich, und die Elfen, und sehr viele andere dir in letzter Zeit sagten, brauchen wir dringend Veränderung! Während diese Veränderungen mit einem kleinen Schritt für einen potenziellen Gläubigen anfangen, braucht es dennoch zu allererst einen »kleinen« Schritt bei den potenziellen Priester:innen. »Offenbarung« ist ein nettes Wort, wenn es in einem heiligen Buch steht, aber es *ist* die Basis des Glaubens. Zeig dich selbst, und alles Gute im Universum soll dich erreichen.

T: Das ist ein wirklich großer Schritt für mich.

J: <u>Natürlich ist es ein großer Schritt für die schon einmal verbrannte Hexe, sich selbst wieder zu zeigen. Tu es dennoch.</u>

Tag 19:
Wie das Hirn einer
Scribe verkabelt ist

24.06.2020

Meine Einstimmungstechnik brachte mich heute spontan in einen wunderschönen, alten Wald. Sehr schnell war auch das Abbild Jormungandrs da, heute wieder wesentlich größer als ich. Es erschien direkt nachdem ich – mehr oder minder aus Versehen – gesagt hatte: »Jedes wohlmeinende Wesen darf mich kontaktieren.«

J: [schmunzelt und rückt eine lustig aussehende Brille auf seiner Nase zurecht.] **Hast du mich so schnell vergessen?**

T: Entschuldige! Sag mal, warum die Brille?

J: **Ach, ich weiß nicht. Ich mag sie. Sehe ich damit nicht klug aus?**

T: Du bist so seltsam. Lustig, aber seltsam.

J: **Na ja, ich bin ein eher verspielter Anteil von Jormungandr. Das ist auch der Grund, warum die Menschen uns immer falsch verstehen. Sie glauben, Yeshua sei *immer* todernst gewesen und alle Geister sind *immer* nett und höflich. Aber wenn du mit uns sprichst und wir sind gerade »in-story« ... dann können wir alles fast alles tun und** darstellen. Wir können traurig wirken, wenn die eine Person uns trifft, und fröhlich einer zweiten Person gegenübertreten. Es ist sinnlos, uns in eine Schublade pressen zu wollen. Das ändert aber nichts an der Wichtigkeit unserer grundsätzlichen Nachricht. Ein fröhlicher Film und ein trauriger Film können dir sehr wohl die gleiche wertvolle Lektion erteilen.

T: Ich habe noch etwas über die Kunstreferenzen nachgedacht. Ich verstehe jetzt, dass ihr Lieder, Bilder und Filmausschnitte benutzt, um den genauen »Vibe« einer Sache rüberzubringen. Bekanntlich sagt ein Bild ja mehr als 1.000 Worte und ein Filmausschnitt sagt mehr als eine Million Worte. Kannst du mir dazu noch mehr erzählen?

J: Du liegst hier ganz richtig. <u>Es ist wesentlich einfacher, etwas hervorzuholen, das schon in deinem Kopf abgespeichert ist.</u> Du kennst die Konzepte und Gefühle schon. Du hast sie schon einmal »verdaut«. Erinnerst du dich an den Schock, als du mich das erste Mal getroffen hast? Ich war ein fast vollständig neues Konzept für dich – das hat dir Angst gemacht. Etwas gänzlich Neues in den Kopf eines Menschen zu setzen, ist ein enormes Unterfangen. Es braucht viel Energie. <u>Deshalb ist Kunst absolut essenziell für das spirituelle Überleben und und die spirituelle Evolution.</u> Deshalb werden, wenn du ein Volk zerstören willst, zuerst seine Bücher verbrannt und seine Sprache verboten. Unterschätze *niemals* die Macht eines Buches –

egal ob es mehrheitlich mit Text oder mehrheitlich mit Bildern gefüllt ist.

Tief in ihrem Inneren wissen Künstler das. Sie verstehen (mehrheitlich), dass der Gewinn für sie darin liegt, einen bestimmten Gedanken oder eine spezifische Emotion manifestiert zu haben. Das ist das Gegenteil von schnellem Geld und Berühmtheit [denn es erfordert Genauigkeit und jahrelange, harte Konzentration und Arbeit]. Dies sind einfach andere Meister, die dich andere Dinge lehren.

T: Ich weiß, ich bringe immer wieder die gleiche alte Leier, aber wie kann ich diese Texte veröffentlichen? Ich weiß nicht, wie ich es anstellen soll.

J: Nun, normalerweise schreibst du etwas auf, liest noch mehrere Male drüber, gibst es jemandem zum Gegenlesen und dann stellst du es zum Verkauf, richtig?

T: Richtig.

J: Dann denke ich, du solltest es aufschreiben, noch mehrere Male gegenlesen, jemandem zeigen und dann zum Verkauf stellen!

T: Gib mir einen Titel. Ich denke ja mal, es wird ein Buch über die Elfen geben und eines über dich?

J: Ja, das würde Sinn machen. Nenn es doch »Ein Besuch von den Elfen« und »Ein Besuch von der Migardschlange«. Eines Tages werden diese Bücher mal sehr gut in deinem Regal aussehen, weißt du?

T: Du weißt wirklich, wie du mich gleichzeitig schockieren und motivieren kannst.

J: Warum? Dies hier fühlt sich derart natürlich für dich an, dass du nicht einmal bemerkt hast, dass wir bald 20.000 Wörter durchgegeben haben und dass du nun zwei Bücher in der Mache hast.

T: Nein, ich hatte wirklich keine Ahnung. Deshalb fühlte es sich auch alles so einfach an.

J: Es *ist* einfach! Hör einfach auf, die Sache zu zerdenken. Weißt du, für die meisten Menschen ist die Nachricht der schwierige Teil – du hast Glück! Wie du heute gehört hast, brauchtest du auch noch nie pflanzliche Substanzen, um uns erreichen zu können! [Ich hatte einen interessanten TED-Talk auf YouTube gesehen von dem US-Journalisten und Autor Michael Pollan zum Thema Drogen und Spiritualität.] <u>Dein Gehirn ist speziell dafür ausgelegt, dich »high« zu machen – in jedem Sinne des Wortes.</u> Durch Kunst und – wie du ja selbst am besten weißt – besonders durch Ton und Musik.

T: Moment mal ... das ist ein Faktor, der für *alle* hochsensitiven Menschen gilt ...

J: Ja natürlich. Wir »verkabeln« die Gehirne unserer Nachrichtenüberbringer so, wie es nötig ist, und das ist eine Art und Weise.

T: Darüber möchte ich morgen unbedingt weiter sprechen, okay? Unsere Zeit ist leider um.

J: Wenn es das ist, was du wünschst, dann beantworte ich gerne deine Fragen. Warum sollte ich das auch nicht tun? Es ist an der Zeit, dass du dich selbst auf alle möglichen Arten und Weisen kennenlernst!

Tag 20:
Hexenjagd

25.06.2020

Der erste Gedanke, der mir heute durch den Kopf schoss, war: »Wenn Kunst komplett ausbalanciert ist, ist sie tot.«

Mein Placement brachte mich ziemlich flott in ein Dorf und ich bekam das Gefühl, als stünde ich in Salem oder einem anderen, angeblich »bösen« Ort voller Hexen. Sofort drängten sich die typischen Bilder auf: Mistgabeln, Folter, Hexen, Mord. Und weil mein Tag heute emotional wirklich hart genug gewesen war, blockte ich ab.

T: Nein. Einfach ... nein. Ich kann das heute nicht. Tut mir leid. Wir müssen woanders hingehen.

J: [irritiert] Aber dies wäre die Lektion für heute. Dieses Dorf ist der Grund, warum du Gewalt nicht ausstehen kannst. Es ist auch der Grund, warum die Serie »Der Report der Magd« so extrem deine Knöpfe gedrückt hat, dass du fast wahnsinnig geworden bist. Zusätzlich ist dieses Dorf der Grund, warum ich dich in deiner Jugend davor bewahrt habe, die Gedenkstätte eines Konzentrationslagers zu besuchen, zum Beispiel mit der Schule.

Und es ist der Grund, warum dein Ehemann so eine starke Meinung über Fanatismus jeglicher Art hat.

T: [genervt, gestresst] Wirklich? Ich war eine weiße Frau in einem weißen Dorf? Das ist ehrlich gesagt ziemlich ... langweilig und unwahrscheinlich.

J: Das ist deine Lieblingsform, da kann ich doch nichts dafür. Komm mal her.

[In dem Moment legte Jormungandr seine Stirn wieder an meine und ich bekam eine kräftige Energiedusche. So blieben wir also erstmal eine Weile, damit ich durchatmen konnte.]

T: Danke dir. Warum sehe ich manchmal eine Japanerin in einem Kimono, wenn ich an meine Seele denke?

J: Du willst wirklich nicht in diesem Dorf bleiben, hm?

T: Nein, tut mir leid. Nicht heute.

J: Dann lass mich nur noch Folgendes sagen: Dein jetziger Mann war in diesem Dorf an deiner Seite. Aber er war damals nicht dein Ehemann. Er war dein Kind. Er musste zusehen, was mit Menschen wie dir geschah ... mit den Hexen. Wenn er sich gegen Fanatiker ausspricht – und auch gegen Hexen – dann wiederholt er schlicht und einfach eine seiner tiefgreifendsten Lektionen. »Verbrenne niemanden, und liefere niemandem einen Grund, dich zu verbrennen.«

T: Aber ich kann so nicht leben! Ich kann nicht leben ohne jedes kleinste Bisschen Magie. Wenn ich dazu gezwungen werde, dann kann ich es auch gleich lassen und gar nicht leben.

J: Deshalb hasst du seinen Standpunkt ja auch. Du hasst die Tatsache, dass er dich *schützen* will.

T: Hexen werden heute nicht mehr verbrannt!

J: Oh, wirklich? Zeigt dir das Leben (und Social Media) nicht jeden Tag ein anderes Bild? Okay, die Menschen werden heute »gegrillt« oder »gemobbt«, erleben einen »Shitstorm« oder ihnen wird »der Kopf geradegerückt«. Ist das keine Form moderner Hexenjagd?

T: *Wer* ist die Japanerin?

J: Sie war eine Gelehrte. Ihre Worte hatten Gewicht ... bis zu einem Punkt. Irgendwann wollte sie jemand aus dem Weg haben. Und sicherlich kannst du dir vorstellen, wie einfach das war? In einem Patriarchat vor beinahe 1.000 Jahren?

T: Ihr Name?

J: [Er gibt mir einen langen japanischen Namen durch.] Das ist natürlich geschrieben wie gehört [und damit sehr unzuverlässig, wg. Schriftzeichen und Co.]. Du wirst außerdem feststellen, dass es von dem Familiennamen eine ältere Form gibt. Aber die Frau an sich wirst du nicht finden. Sie wurde vollständig aus der Geschichte gestrichen – wie so viele andere![3] Deshalb weißt du auch, dass Wissenschaft sinnlos ist. Sie kann dich im Zweifel nicht retten.

T: Tja, die Hexerei konnte es auch nicht, hm?

J: <u>Nichts kann dich retten, wenn die Masse ihre Entscheidung getroffen hat.</u> Ich sagte es dir ganz zu Beginn:

<u>HOMO.</u>

<u>HOMINI.</u>

<u>LUPUS.</u>

T: Tut mir leid, unsere Zeit ist rum. Aber danke. Ich glaube, ich verstehe jetzt besser.

J: Auf Wiedersehen.

---

[3]   Von dieser Inkarnation werdet ihr im Buch zum Themenkomplex »Wissen« mehr erfahren!

Tag 22:
Chakrenarbeit

27.06.2020

[Tag 21: Keine Session.]

T: [denkt über eine Schatzsuche-App nach, über Camping, über neue Storys ....] Ideen, Ideen und noch mehr Ideen!

[Die Weltenschlange kommt heran und legt wieder ihren Kopf an meinen.]

T: Ich bin so froh, dass du da bist. Tut mir leid, dass ich gestern keine Zeit für dich fand. Es ging einfach so viel in meinem Kopf herum!

J: Mach dir keine Sorgen. Es war eine Art Schonfrist. Dein Geist musste einige Sachen verdauen.

T: Als du mir vorgestern diese Dinge über mich und meinen Mann erklärt hast, hast du gleichzeitig meine ersten beiden Chakren geöffnet, kann das sein? Ich habe mich ihm nämlich wieder in einem ganz anderen Maße geöffnet. Das hatte ich viele Tage, vielleicht sogar viele Wochen nicht getan.

J: Ganz so einfach ist es nicht, aber geöffnete Chakren waren das Endresultat, ja. Ich musste das tun. Schließlich sind das »meine«

Chakren. Mein Reich und meine Verantwortung. Die Elfen haben dein Halschakra geöffnet, damit du endlich alles *aussprichst*, aber dieser Teil war mein Job.

T: Oh Mann, mir fällt da gerade etwas auf. Wenn du schlussendlich mit Chakra Nummer drei (Solarplexus-Chakra) in Verbindung gebracht werden kannst, und die Elfen mit Nummer fünf (Hals-Chakra) ... dann werde ich wahrscheinlich die Wesenheiten für die Chakren eins, zwei, vier, sechs und sieben auch noch treffen, hm?

J: Ja. Alle vor Ablauf des Jahres.

T: Jesus!!

J: [zwinkert] Nein, der hat damit nichts zu tun.

T: Du weißt schon, was ich meine. [Pause.] Sag mal, werde ich dich eigentlich in Zukunft weiterhin treffen? Bald ist unsere gemeinsame Zeit schon wieder um.

J: Wenn du das wünschst, ja. Und wenn ich mich dazu gezwungen sehe, werde ich dir Zeichen senden. Wenn deine Chakren wieder ins Ungleichgewicht kommen, könntest du plötzlich sehr viele Schlangen in deinem Alltag sehen ...

T: Du sagtest, du bist für die Balance zuständig, aber Chakra eins behandelt nach offizieller Auffassung die eigene Verwurzelung – zum Beispiel mit der Erde, aber auch mit anderen Dingen. Wie passt das zusammen?

J: Ich war der Einzige, der etwas Grundlagenarbeit mit dir machen konnte, ohne dass du innerliche Mauern aufbaust. Weißt du, wie viele Frauen das Konzept von Heim, Kinderschar und Familienleben tatsächlich schön finden? Es ist das *gleiche* Prinzip, nur andere Bilder. Aber du hättest sofort geblockt. Ich brauchte andere Bilder. *Du* brauchtest andere Bilder! Also zeigte ich dir den Tempel. Deine damalige Familie, wenn du so willst. Und ich habe dir gezeigt, wie oft zu dort spazieren gegangen bist, um allein zu sein. Um in Ruhe nachzudenken. Du läufst immer noch, wenn du überaus verwirrt oder traurig bist. Es ist ja auch keine Schande, wenn man ab und zu mal raus muss, um die Gedanken zu ordnen! Aber was würde es dir nutzen, wenn du losgehst und niemals wiederkehrst? Das ist auch keine Balance. Und wenn du dich um Geld sorgst, dann haben wir dir schon des Öfteren gesagt: <u>Du kannst alles auf einmal haben!</u>

Tatsächlich gab es den Gedanken, loszugehen und nie wieder umzukehren schon öfter in meinem Leben, als ich bereit bin, öffentlich zuzugeben. Das Thema »autark leben« wird über die Gespräche hinweg zu einem roten Faden werden. Es ist aber auch ein Thema, das perfekt in die momentane Zeitqualität passt.

Tag 23:
Ehrlichkeit

28.06.2020

T: [bockig] Ich kann unsere Gespräche nicht veröffentlichen. Ich *werde* sie nicht veröffentlichen.

J: **Du hast es versprochen.**

T: Ich weiß. Aber sie sind zu persönlich. Zu komplex. Ich müsste sie massiv umschreiben.

J: **[Die Autorin] Dolores Cannon hat zwischendurch auch sehr persönliche Nachrichten bekommen.**

T: Ja? Tja, selbst ohne diese Nachrichten haben ihre Bücher 1.000 Seiten, also sehe ich den Zusammenhang hier nicht. Wenn ich all die zutiefst privaten Informationen herausnehme, dann bleiben nur einige wenige Ideen und Sätze übrig. Ich weiß ja, dass Schreiben ein »Seelen-Striptease« ist, aber dieses Vorhaben ist einfach Wahnsinn. Wenn ich meine persönliche Story zurechtstutze, hat die ganze Sache keinen Zusammenhang und keine Struktur mehr. Wenn ich meinen echten Namen unterschlage, kann ich niemals meine Romane oder Figuren nennen. Und wenn ich die Drachenkind-Chronik einfach anders nenne, werden die Leute es sich so oder so googeln können. Ich kann dieses Spiel nicht gewinnen.

J: **Es sei denn natürlich, du lässt alles so, wie es jetzt ist.**

T: [knurrend] Ja … super.

J: **Hat Ehrlichkeit dir nicht deine Freundin V. beschert? Hat dich die ehrliche Verbindung deines innersten Kerns mit dem anderer Menschen nicht zutiefst glücklich gemacht?**

T: Ja schon, aber …

J: **Aber was? <u>Alle, zu denen du aufsiehst, sind ehrlich. Und tief spirituell.</u> Du musst nicht jede Anmerkung zu deiner Ehe und deinen übrigen engen Beziehungen einfließen lassen. Diese Anteile kannst du leichter kürzen, als du jetzt denkst.**

Es ist immer wieder faszinierend, wie schnell und präzise die geistige Welt einem den Kopf geraderücken kann. Dabei werden sie selbst niemals verletzend oder laut. Ich habe nämlich meine Freundin V. exakt so getroffen, wie Jormungandr hier sagt. Ich bin über meinen eigenen Schatten gesprungen und hatte mich als Interviewpartnerin für eine Doku über paranormale Phänomene (in meinem Fall gechannelte Romane) zur Verfügung gestellt. Klarname und alles. Den Produzenten dieser Doku, Johann Nepomuk Maier, hatte auch V. kontaktiert, um Anschluss an andere spirituelle Menschen zu finden. Da sie in meiner Nähe wohnt, leitete er ihre Anfrage an mich weiter und wir sind sehr gute Freundinnen geworden. Ich habe natürlich noch viele andere tolle Menschen getroffen, wenn ich mich und meine Fähigkeiten ehrlich zeigte, aber V. ist selbst unter ihnen etwas ganz Besonderes. Ich möchte sie auf keinen Fall missen.

Tag 24:
Elemente und
Elementarwesen

29.06.2020

[Heute habe ich zur Einstimmung meine neue Feuerschale auf der Terrasse angemacht. Die Reaktion ließ nicht lange auf sich warten.]

J: Wieder dieses Schlangenabwehrmittel.

T: Entschuldige!

J: Ich sagte doch, ich bin ein Wasserwesen per Definition. Ich befinde mich auf einer ähnlichen Frequenzebene wie Wasser. Es ist neutral, und das bin ich auch.

T: Erzähl mir von weiteren Elementarwesen.

J: Ihr stellt euch das viel zu bildlich vor. Ein Wesen der Erde ist (höchstwahrscheinlich) nicht aus Lehm geformt und ich wohne auch nicht im Ozean, wie es die Wikinger-Mythologie sagt. Tatsächlich lebe ich gar nicht! Habe ich nie. Nicht hier, und auch nirgendwo sonst in den physischen Dimensionen der Erde. Andere haben das getan und tun es noch.

T: Nenn mir noch ein Wasserwesen. Bitte.

J: Nun, lass uns für unser Gespräch einfach mal die so beliebte Meerjungfrau nehmen. Diese existieren nicht ... hier. Nicht mehr. Und sie waren auch im eigentlichen Sinne nicht körperlich hier. Sie existieren aber in anderen Versionen des irdischen Raum-Zeit-Gefüges. Sie sind eine Schwingungsart, sie müssen existieren. Menschen werfen durchaus ab und zu einen Blick in diese Frequenzen aus anderen Dimensionen. Deswegen ist der Mythos auch ungebrochen. Bei Drachen ist es genau das Gleiche. Nur sind die keine Wasserwesen.

T: Gehören sie zum Feuer?

J: Nein. Das ist verwirrend, ich weiß. Sie sind Erdwesen. Dir wurde doch von den Frequenzen der Erde erzählt. Von den Gittern und Feldern. Von der Aura der Erde, sozusagen. Diese Aura hat gewisse Stufen, so wie eure Auren auch. Sieh dir die Elemente noch einmal an. Das Halschakra zum Beispiel steht für Luft. Die Elfen sind Luft-Wesenheiten!

[Ich habe an dieser Stelle versucht, die Elemente den Chakren zuzuordnen. Dabei fiel mir auf, dass jedes Schaubild im Internet anders ist. Mal ist Feuer das 1. Chakra, meist aber Erde. Das ist frustrierend!]

T: Ich habe es nochmal angesehen. Aber alle sagen etwas Unterschiedliches. Ich hasse es, wenn das geschieht!

J: Dann höre mir zu:

Zahl	Element	Erdschicht	Schöpfergedanke
1	Feuer	Geschmolzener Erdkern	»Ich habe Kraft.«
2	Erde	Stein	»Ich habe Wurzeln.«
3	Wasser	Meere	»Ich fließe.«
4	Licht/Liebe	Sonnenstrahlen	»Ich scheine und werde beschienen.«
5	Luft	Luft	»Ich spreche und werde gehört.«
6	Äther	Obere Atmosphäre	»Ich strebe nach oben.«
7	Pure Energie	Universum	»Ich bin Alles-was-ist.«

J: Ihr Menschen meint immer, die Erde unter euren Füßen wäre eure Basis. Aber das stimmt nicht wirklich. Der geschmolzene Kern innerhalb der Erde ist das Herz eurer planetaren Existenz – und das Brennen seines Bruders, der Sonne, macht euer Leben hier möglich. Die Sätze, die ich dir noch dazu gegeben habe – und die Emotionen und Probleme, die aus ihnen entsteigen – machen klar, wie das System funktioniert.

T: Warum ist es dann in so vielen Quellen falsch?

J: Nun ja, geraten ist geraten. Und das wird nicht besser über die Jahrhunderte.

T: Wow, das ist nicht besonders nett.

J: Ich bin »nur« auf der Ebene des dritten Chakras, ich muss nicht immerwährend nett und liebenswert sein.

T: Ha! Das war gut. Aber mal im Ernst: Wenn du ein Wasserwesen bist, warum kümmerst du dich dann um Belange des ersten und zweiten Chakras auch noch, wo die doch Feuer und Erde darstellen?

J: Wenn ich nicht auf »Stufe« drei wäre, wie sollte ich dann wohl meine Schüler auf Stufe eins und zwei überblicken und sie anleiten?

T: Ich vermute mal, das macht Sinn.

L: Vermute nicht mehr. Dafür ist keine Zeit mehr und es gibt auch keine Veranlassung mehr dafür.

Tag 25:
Weitere Elementarwesen

[Ich gebe zu, dass ich gestern nicht »richtig«, sondern wieder nur kurz vor dem Einschlafen gechannelt habe. Trotzdem kamen einige interessante Anschluss-Infos dabei herum – besonders zum Thema Elementarwesen, was mich schon ziemlich fasziniert! Zuerst hörte ich aber (weil mir das Thema mit der Veröffentlichung unseres Gespräches ja immer im Kopf herumgeht) nur einen Satz.]

J: Lass das Buch sich selbst erstellen.

[Mittlerweile verstehe ich besser, was damit gemeint ist, denn durch die quasi tägliche Arbeit erstelle ich ja wirklich im Laufe der Zeit eine Menge Text. Es ist dann natürlich kein druckfertiges Buch, aber schon nah dran. Dann sprachen wir über Einhörner, die Jormungandr bei den Ätherwesen verordnet, und über Pferde, die er/sie/es zu meinem großen Erstaunen bei den Feuer-Wesen einsortiert. Die Liste mit den Chakren bzw. Frequenzstufen wird also noch ergänzt.]

1) Feuer – Pferde

2) Erde – Drachen

3) Wasser – Weltenschlange, Meerjungfrauen

4) Licht/Liebe – ?

5) Luft – Elfen

6) Äther – Einhörner

7) Reine Energie – ?

[Tja, es bleiben weiterhin Lücken. Und ob das mit dem Pferd wirklich so stimmen kann? Ob diese Einteilungen überhaupt für irgendetwas relevant sind?]

Tag 28:
Sandsturm im Kopf

03.07.2020

[Tag 26 & 27: Keine Verbindung bekommen.]

[Auch heute, den dritten Tag in Folge, ist nicht viel passiert. Langsam mache ich mir Sorgen. Oder wird hier ein fulminanter Abschluss vorbereitet? Zwei sehr kurze Nachrichten kamen aber doch durch.]

J: Es fühlt sich für mich wie ein Sandsturm an, wenn dein Geist nicht bereit ist für unsere Arbeit.

[Ich muss leider zugeben, dass ich die letzten Tage alles andere als aufnahmefähig war. Immerhin: Seit gestern Nachmittag habe ich ganz offiziell Urlaub, und das war auch dringend nötig. Es wird also hoffentlich ab jetzt wieder besser.]

T: Wie kann ich noch besser eine Verbindung herstellen?

J: Nutze meinen Namen fleißiger, wenn du mit mir sprechen möchtest.

Tag 29:
Abschied

04.07.2020

[Heute wollte ich mich richtig konzentrieren. Mein Bestes geben. Und ich wurde belohnt. Vor meinem geistigen Auge kam Jormungandr bis auf wenige Dutzend Meter an mein echtes, physisches Haus heran, schlängelte über die goldgelben Felder und rief mich heraus zu sich. Also ging ich in Gedanken dort hinaus, stand direkt vor der beeindrucken Schlange und sah sie lange an.]

J: Verstehst du jetzt, wie Magie funktioniert? Es ist, wie wenn man Lesen lernt. Eine neue Fähigkeit, die dir ein ganzes Universum an Möglichkeiten eröffnet.

T: Das tue ich. Ich verstehe es.

J: Alles, was du dir wünschst, kann in der Tat in dein Leben gezogen werden durch diese Magie. Du brauchst nur »das zweite Gesicht«, »das dritte Auge«. Du verstehst jetzt, dass Feuer eine Form annehmen kann. Dass Wasser spricht und dass *für dich erkennbare* Muster die am häufigsten vorherrschende Form von »Briefen« von Gott sind. Es sind diese kleinen, gelben Haftzettel-Notizen, wenn du so willst. Kleine Erinnerungen im Alltag. <u>Wenn du im Feuer eine Figur tanzen siehst, dann bedeutet das nicht, dass du wahnsinnig geworden bist. Es geschieht, weil das Feuer *für dich* gerade vom Tanzen sprechen sollte. Spirit verwendet viel Mühe, Energie und Hingabe auf diese Art der Kommunikation. »Zufall« ist nur die offensichtlichste Art dieser Nachrichten, aber bei weitem nicht die einzige. Der Sender dieser Nachrichten belohnt außerdem jene im höchsten Maße, die den *Willen* besitzen, sie sich bewusst zu machen. Das hat mit Können nichts zu tun, ihr alle könnt es prinzipiell. Achtsamkeitstechniken sind nicht einfach ein vorbeiziehender Trend. Achtsamkeit ist absolut nötig, wenn ihr als Spezies dieses Jahrhundert überleben wollt. Ich sagte dir wieder und wieder, dass die 30-40 Minuten das Minimum sind, das uns im Alltag zur Verfügung gestellt werden sollte. Du musst dies nun anderen sagen.</u>

T: Das werde ich tun. Werde ich dich nach dem morgigen Tag noch einmal sehen? Was ist mit den Büchern, die ich für euch produzieren soll?

J: Was ist mit denen? Du bringst sie mit deinem Willen in die Existenz. Und die Belohnung wird dein sein.

T: Hm, das habe ich schon einmal gehört. Ich dachte damals, die Story über die Muse[4] würde mein großer Durchbruch werden.

J: Nur dein Ego dachte das, weil die Muse »leicht« zu lesen ist. Aber die Reihe ist noch nicht ganz fertig, deshalb kann sie dich auch noch nicht vollumfänglich belohnen. Dieser Eimer wird gerade noch am Wasserhahn gefüllt und kann deshalb noch nicht nach Hause getragen werden. Du musst noch dort stehenbleiben und warten. Energetisch ist eine unvollendete Buchreihe sehr ähnlich. Sie sehnt sich danach, vollkommen zu sein. Dein Problem ist nicht die Muse, oder dass sie nicht bei dir zum gemeinsamen Arbeiten auftauchen würde. Sie würde das tun. Dein Problem ist, dass du zu viele Quellen mit deinem »Gebet des Künstlers« angezogen hast und nun bei einigen dein Versprechen brechen musst. Das ist nicht nur nicht weise, es ist auch ziemlich unfair von dir. Du hast dir gewünscht, dass du wieder in solch einen Schreibzustand verfällst wie damals mit der Muse [20 Tage andauernder, purer Flow]. Die Elfen und ich haben dir das nun quasi in der Form geliefert. Nun schreibst du aber etwas, dass sehr weit von Fiktion entfernt ist – und plötzlich willst du deine neu gefundene Weisheit nicht teilen. Das wirst du aber irgendwann tun müssen. Und du wirst es auch tun. Die Elfen hatten es dir einfach gemacht, deshalb haben sie diese Reihe begonnen. Vor

---

[4] Der 1. Roman, den mir meine Muse über sich selbst einflüsterte, heißt »Der Kuss der Muse«. Es wurde unter meinem anderen Autorennamen T.V. Ahrens veröffentlicht. Den Klappentext findest du auf Seite 130.

mir hast du dich zwar zuerst gefürchtet, aber wir sind uns im vergangenen Monat nähergekommen. Und ich war doch nur – wie ich sagte – der nächste Schritt auf diesem Weg. Geh nun, genieß deinen Urlaub und deine Pause. Nimm dir den Juli frei. Aber im August solltest du die Augen offenhalten für die nächste kleine Gottheit in deiner Reichweite. Das Wesen wird sich dir zeigen. Denn auch diese hat viel zu sagen und anzubieten.

T: Werden wir morgen noch einmal sprechen?

J: Nein, das ist nicht sehr wahrscheinlich. Ich würde kommen, aber dein Geist wird wieder sehr eingenommen sein von anderen Dingen.

T: Ich werde dennoch mein Bestes geben!

J: Gut.

Tag 30:
Ein letzter »Zufall«

05.07.2020

[Es war genau so, wie Jormungandr es vorhergesagt hatte. Obwohl ich mir wirklich alle Mühe gegeben habe, am ersten Tag im Urlaub wenigstens kurz eine geistige Verbindung aufzubauen, war ich zu erschlagen und müde.

Aber ich habe heute »endlich« passenden Schmuck gefunden. Eine kleine, goldene Schlangenfigur an einem goldenen Halskettchen. Sie fiel mir selbstverständlich in einem Laden ins Auge, in dem ich etwas völlig anderes wollte ...]

TEIL 3

Schlussgedanken zur Weltenschlange

Für mich ist es besonders faszinierend, dass das Konzept einer mythologischen Schlange, die die Welt in ihren Windungen hält, weltweit in viel mehr Legenden vorkommt, als man gemeinhin denkt. Neben dem Gespräch mit Jormungandr habe ich natürlich viel recherchiert über Schlangengötter und -mythen. Manches fiel mir auch »zufällig« vor die Füße [haha]. Andere Namen, die Jormungandr über die Jahrtausende schon gegeben wurden, sind wahrscheinlich:

Leviathan (jüdische Mythologie)

Apep/ Apophis (altes Ägypten)

Regenbogenschlange (australische Ureinwohner)

Quetzalcoatl (Azteken + Maya)

Bahamut (arabische Mythologie)

Shesha & Vasuki (indische Mythologie)

All diese mythologischen Wesen sind extrem erdnah, haben also einen direkten Einfluss auf irdische Vorgänge und fliegen nicht irgendwo ungestört im Universum umher, quasi unerreichbar.

Zugegebenermaßen wären sie für uns Menschen dann ja auch nicht so richtig relevant, nicht wahr? Es gibt sicherlich noch mehr Namen für dieses mythologische Konzept der Riesenschlange, aber ich bin keine Expertin für Theologie, Mythologie oder Ähnliches. Eine annähernde wissenschaftliche Betrachtung der weltweiten Gemeinsamkeiten und Unterschiede der Schlangengötter-Mythen würde hier auch komplett den Rahmen sprengen. Deshalb biete ich die Namen und Schlagworte oben eher als Möglichkeiten für weitere eigene Recherchen an. Ich habe wie gesagt selbst nur einen recht allgemeinen Überblick im Bereich Legenden und möchte mich gar nicht weiter an Spekulationen beteiligen. Überaus spannend finde ich es aber doch, dass sich über alle menschlichen Zeiten und Kulturen hinweg das Bild der Riesenschlange hält, die im Ozean oder unter der Erde wohnt, Stürme und Regen bringen kann und insgesamt einen großen Einfluss auf die *physische Existenz* auf diesem Planeten hatte und hat.

Einige Punkte sind in diesen Mythen besonders interessant:
1) Die Wortbedeutung von »Leviathan« ist »der sich windende«. Der Mythologie zufolge erschafft Gott die Seeschlange, um mit ihr zu spielen. Ich halte das für eine mindestens fragwürdige Übersetzung und meiner bescheidenen Meinung nach müsste es heißen, »um mit ihr zu *reden*«, aber egal. Dass Gott die Schlange am Tage des jüngsten

Gerichts tötet, kann man auch so verstehen, dass Leviathan nach dem Untergang der physischen Welt nicht mehr gebraucht werden wird. Es gibt nur in der physischen Welt Dualität und Polarität, und somit wird nur dort Balance benötigt – nicht in der geistigen Welt. Dort ist die Balance zu jeder Zeit automatisch gegeben.

2) Leviathan/Jormungandr ist stärker als jeder Mann, niemand kann ihn besiegen oder auch nur anheben, wie die Legende von Thor und der Katze[5] erzählt. Wie sollte man auch die Balance selbst besiegen oder forttragen, sodass sie einen nicht mehr beeinflussen kann?

3) Es gibt das sog. »Leviathan cross«, ursprünglich ersonnen von den Tempelrittern. Unten befindet sich die Ellipse, ein Zeichen für die Ewigkeit, oben eine Darstellung des freien Willens  mit freien Entscheidungen in eine bestimmte Richtung. Natürlich in Kreuzform, weil wir es mit Christen zu tun haben. Scheinbar wird es oft dem Satanismus zugeordnet – fälschlicherweise. In jedem Falle kommt mir auch dieses Symbol veraltet vor und ich habe im Laufe des

---

[5] https://de.wikipedia.org/wiki/Midgardschlange#Thor_und_die_Katze

Gesprächs mit der Weltenschlange eine neue Version in mein
Notizbuch gezeichnet:

 Hier würde der Tatsache Rechnung
getragen, dass der Gott-Punkt in
der Mitte sitzt und jegliche freie
Entscheidung eingeschränkt wird
von der ewigen Balance namens Weltenschlange, Karma, Seelenplan,
Akasha-Chronik oder Schicksal. Ich kann mich extrem in eine
Richtung entscheiden, ich kann extrem weit in die andere Richtung
gehen, aber nur *innerhalb* des Spielfelds namens Balance/Karma. Ich
komme unweigerlich und durch jegliche Entscheidung nach einer
gewissen Zeit in die Mitte zurück und alles beginnt von vorn. Das ist
aber nur eine Spielerei von mir, grafisch begabte Menschen könnten
das bestimmt noch ganz anders darstellen.

Channeln lernen: Die weiße Matrix

Nach und nach hat sich in meine Interviews der Begriff der weißen Matrix eingeschlichen. Das liegt wahrscheinlich daran, dass der Kinofilm »Matrix« in spirituellen Kreisen als legendär gilt. Die Darstellung des »Konstrukts« – dieser rand- und formlosen, komplett mit weißem Licht angefüllten Welt im eigenen Kopf – ist nichts weniger als ein Geniestreich gewesen. Wir können dieses »ungeformte Land« (schamanische Vokabel) in unserem Inneren auf Wunsch jederzeit aufsuchen. Und das beste? Seltsame Kabel und Anschlüsse im Nacken sind dafür vollkommen unnötig!

Ist man erst einmal »drin«, geht der Spaß erst richtig los, denn in dieser Welt des Geistes beziehungsweise der Seele kann man tatsächlich *alles* erscheinen lassen und tun, was einem beliebt. Du möchtest per Gedankenkraft vom »Boden« [haha] abheben und zum Mars fliegen, als wärst du Superwoman? Kein Problem! Feuerbälle verschießen wie ein Magier? Bücher lesen, die nie fertiggestellt oder veröffentlicht wurden? Die Akasha-Chronik besuchen und das Buch deines eigenen Lebens lesen? Wenn du dein Ego zu Hause lassen kannst, geh und tu es. Du möchtest dich bei jemandem entschuldigen, traust dich aber nicht, der Person in die Augen zu blicken? Stell dir die Person lebhaft vor und tu es in der weißen Matrix. Dieser Raum kann immer (mindestens) ein Anfang sein. Ein Testumfeld. Eine »Sandbox«, wie Programmierer sagen würden. Die weiße Matrix ist die Grundlage für alle Erzählungen von Magie und Mythologie, denn tendenziell ist hier wirklich *alles* möglich! Und manchmal ist es auch die beste Möglichkeit, jemanden noch zu erreichen – zum Beispiel wenn die Person ihren Körper schon abgelegt und die physische Welt hinter sich gelassen hat.

Ich verwende die Begriffe »weiße Matrix«, »geistige Welt« und »Anderswelt« mittlerweile synonym, aber das Prinzip dieser ungesehenen Welt enthält auch unsere populären Konzepte von Himmel, Hölle und Jenseits.

Um das, was wir gemeinhin den Himmel nennen, wird es in dieser Buchreihe noch *oft* gehen, und zum Thema Hölle werde ich mich auch noch äußern müssen, denn auch hierzu gab es ab Ende 2021 bereits ein fantastisches Interview. Spoiler: Wir bekommen immer das, was wir uns »wünschen« – sogar, wenn es das Fegefeuer ist.[6] Hilfe ist aber *jederzeit* verfügbar. Deshalb lautet das erste und wichtigste Gesetz in der weißen Matrix: »Bittet und euch wird gegeben.« Hilfe,

---

6 Die Hollywood-Serie »Lucifer« macht hier übrigens einen erstaunlich guten Job in der Darstellung des Prozesses, wenn man »durch die Hölle geht«!

Gegenstände, Wissen, heilende Unterstützung, Schutz, Anleitung, Karrieretipps. Es ist alles da ... und zwar jederzeit und im Überfluss.

Was hat die weiße Matrix nun mit Channeln zu tun? Ganz einfach: Wie in dem Film können wir hineingehen und äußerst interessante Leute treffen. (Man denke nur an das »Orakel« oder den Jungen, der die Löffel verbiegt.) Und mit »Leute« meine ich Engel, Verstorbene, Naturgeister, oder eben hohe Wesenheiten wie Jormungandr, die alten Götter von Anubis über RA bund Zeus bis hin zu völlig unbekannten Geistern und Aspekten.

Ich höre dich schon fragen: Und wie erkenne ich, wer wer ist?!

Tja, wie erkennst du es denn hier und heute? Wenn ein Familienmitglied von hinten an dich herantritt, dir die Hände über die Augen legt und fragt: »Wer ist es?«, wie errätst du es? Vielleicht machst du es an der Stimme fest, am Parfüm, oder an der Verspieltheit? Wenn die geistige Welt eines lehrt, dann, dass unsere inneren Augen unser schwächster und am wenigsten hilfreicher Sinn sind, während wir auf der Erde so sehr von unseren körperlichen Augen abhängen. Stimmen, Gerüche und Eigenarten bestimmter Personen sind dagegen sehr zielsichere Hinweise. Denn ebenso, wie ein beliebiger Mensch es sehr schwer haben wird, sich als dein Familienmitglied auszugeben, ist es auch in der Anderswelt schwer, jemanden zu imitieren – zumal die Intuition dort ein fantastisches Maß annimmt.

Ein weiteres oft genutztes Konzept in der geistigen Welt kommt immer wieder in meinen Channelings vor – die sogenannten »Kunstreferenzen«. (Siehe z.B. Tag 19) Wir sind als Menschen ständig Symbolismus ausgesetzt. Von grünen und roten Ampelmännchen über Firmenlogos bis hin zu mythologischen Gegenständen haben wir einen halbbewussten Schatz an Konzepten, der erstaunlich schnell in einem Bild zusammengefasst werden kann. Durch Filme und Serien hat sich dieser Schatz noch einmal explosionsartig vergrößert. Zudem sorgen die modernen Medien dafür, dass wir auch die alten Symbole nicht vergessen. Wenn mir also eine gänzlich neue Energie begegnet, werden in meinem Geist Bilder, Liedtexte oder Filmszenen referenziert, die emotional und konzeptionell möglichst nahe herankommen an das Wesen. Hierin liegt, wie Jormungandr auch beschrieb, der gigantische Wert der Kunst! Deshalb sollten wir uns nicht wundern, wenn manchmal ein Schwall Bilder über uns hereinbricht. Ein Bild sagt eben mehr als 1.000 Worte und erleichtert die Kommunikation enorm!

Anfänger denken oft, dass sie die Konzentration verloren haben, wenn solche Bilder kommen, dabei kann ich mich nur wiederholen: **Alles-was-ist kommuniziert in Bildern und Emotionen!** Die Aufgabe ist, die Gemeinsamkeiten zu finden. Da jeder Mensch anders ist, wird diese Kommunikation exakt auf dich zugeschnitten sein. Für den einen mag ein showfertig frisierter Pudel der hübscheste Hund der Welt sein, der lange verstorbene, geliebte Freund aus Kindertagen. Für andere könnte gerade diese sehr zurechtgezüchtete Hunderasse den Höhepunkt menschlicher Anmaßung und Widernatürlichkeit darstellen. Jedes Symbol muss aus der eigenen Warte interpretiert werden! Die begleitenden Emotionen helfen uns hier glücklicherweise. Spüre ich die Freundschaft des Hundes? Erinnere ich mich an seine unerschütterliche Liebe? Oder bin ich eher nicht begeistert und das zurechtgemachte Tier tut mir im Grunde nur leid? Wichtig ist und bleibt: Wie fühlt es sich *für dich* an? Was löst es *in dir* aus? *Niemand* kann diese Bilder für dich interpretieren.

Findest du es lustig, dass gerade ich das sage, in einem Lehrtagebuch über Spiritkommunikation? Hier merkst du, warum ein Priester, ein Medium, eine Handleserin, eine Wahrsagerin und auch ich(!) immer nur Hilfestellung geben kann – maximal. Die beste spirituelle Arbeit machen wir immer direkt mit der Quelle allen Seins, mit der eigenen, weißen Matrix. Vermittelnde Personen sollten immer eine Notlösung sein, nicht der Standard! Wer nicht dem Credo folgt, Hilfe zur Selbsthilfe zu leisten, der hat nicht dein Wohl im Sinne, sondern sein eigenes.

Mit etwas Übung wirst du also lernen, deine eigene innere Welt zu steuern und deine weiße Matrix zu besuchen, wann immer du es möchtest oder für nötig hältst. Du wirst im Großen und Ganzen treffen, wen du dir wünschst, und vor allem viele Wesenheiten treffen, von denen du gar nicht wusstest, dass du sie dringend sprechen wolltest. Und hier beginnt die echte Magie. Ja, Magie. Jeder Film und jedes Buch in dem Genre handelt von der menschlichen Fähigkeit, durch Übung und eine kleine Portion »Geheimwissen« unglaubliche Dinge zu erreichen. Denn hier kommt's:

Ich als Channeling-Medium führe zwar Gespräche innerhalb der weißen Matrix, aber der Effekt auf mein »echtes«, körperliches Leben ist enorm. Gehst du in der weißen Matrix an einem Strand spazieren und entspannst dich in der Sonne, dann ist dein *Körper* danach entspannter. Geistige Arbeit, körperlicher Effekt. Zahlreiche wissenschaftliche Studien zeigen uns immer wieder, dass das Gehirn nicht unterscheiden kann zwischen dem, was wir »nur« visualisiert haben, und dem, was wirklich geschieht. Im kleineren Rahmen können wir nicht mal unterscheiden, ob wir Emotionen »nur« bei anderen sehen (trauriger Film, lächelndes Gegenüber), oder ob der Vorgang in uns stattfindet (wir sind traurig, wir lächeln). Die Spiegelneuronen machen es möglich, so sagt die Wissenschaft. Wir sind alle eins und somit miteinander verbunden, sagt die Spiritualität.

Deshalb kann man (egal nach welcher Denkschule) mit Fug und Recht sagen, dass **der Geist über der Materie steht!** Was du in der weißen Matrix formst, hat gute Chancen, in dein Leben zu kommen. Was wirst du tun? Dir ein:e Partner:in backen? Einen Streit in der Familie auflösen, in dem du in deinem Geiste alle an einen Tisch holst zum Familienrat? Kannst du alte Briefe in einen erdachten Abgrund werfen, die dir nichts als Schmerz brachten? Willst du eine lange überfällige Entschuldigung aussprechen? Wirst du dir eine Rüstung schmieden?

Glaube niemals, dass die Vorgänge in der weißen Matrix dein »echtes« Leben nicht betreffen oder beeinflussen werden. Ich darf dir garantieren, der Effekt kommt. Deswegen ist es auch so wichtig, sich seiner Allmacht bewusst zu sein. Ja, du hast das richtig gelesen. **In der weißen Matrix bist du allmächtig!** Und hier kommt auch sofort das ultimative »aber«: Hexen sagen, was du aussendest, das kommt dreifach zu dir zurück. Gutes wie Böses. Nenn es Ursache und Wirkung, oder Karma, oder Gerechtigkeit, aber es ist so. Hüte dich also vor Selbstjustiz in jeglicher Form. **Wenn du dich attackiert fühlst, nimm dir eine Rüstung, nie das Schwert. Wenn du nicht formulieren kannst, was genau du willst oder benötigst, bitte Alles-was-ist um Hilfe und Anleitung.** Gerade das Nicht-Steuern und die besonders allgemein gehaltene Bitte sind starke Werkzeuge – mächtiger und heilsamer als jede Verwünschung, die du dir ausdenken kannst. Dabei will ich es auch belassen. Konzentrier dich immer zuerst auf die positiven Dinge, die du für dich aus dieser Reise ziehen kannst.

Wenn du mehr über die Art von Sprache wissen möchtest, die der geistigen Welt gegenüber am besten funktioniert, könntest du zum Beispiel Bücher wie die »Bestellungen ans Universum« von Bärbel Mohr lesen. Auch das Buch »The Secret« von Rhonda Byrne – das mittlerweile auch als Hollywood-Film verfügbar ist – beschäftigt sich sehr viel damit. Ob dir das Vokabular der Hexen, der SchamanInnen, der christlichen Mystiker, der östlichen Philosophien oder der Channeling-Medien am besten gefällt, kannst du ja einfach selbst für dich herausfinden! Spiritualität ist wirklich und wahrhaftig ein Baukastensystem; ein Süßigkeitenbuffet des Lebens. Nimm dir das, was du am liebsten magst, und lass den Rest den anderen!

Übrigens: All die oben genannten Bücher, sämtliche Legenden und »fiktionalen« Geschichten sowie alle Filme über Magie lehren im Grunde immer den gleichen, hoch interessanten Kerninhalt: Den Kontakt zur ungesehenen Welt, und die ewigen Regeln, die in ihr gelten. Da ich sehr oft nach meinen eigenen Favoriten gefragt werden, findest du auf meinem Blog daher immer meine aktuellen Buchtipps.[7]

---

[7] https://www.the-spirit-scribe.de/buchtipps

Praktische Übung zur weißen Matrix

Wenn du schon einmal meditiert hast, warst du höchstwahrscheinlich schon in der weißen Matrix (wie auch immer du sie genannt hast). Viele populäre Meditationsweisen verwenden irgendeine Art von Visualisierung. Besonders Anfängern hilft diese Übung, die Konzentration zu halten; denn fiese, kleine, ablenkende Gedanken lauern üblicherweise an jeder Ecke! Sei gütig zu dir selbst, wenn es am Anfang nicht so recht gelingen will. Nicht jeder kann zu Beginn gut visualisieren, denn für viele Menschen ist es leichter, eine Oberfläche mit Händen zu erspüren, oder den Geruch eines Waldes in allen Details wahrzunehmen. Finde daher zu Anfang deinen Lieblingssinn und halte deinen Fokus darauf. Das »Sehen« wird dann mit mehr Übung immer besser. Habe bitte viel Geduld mit dir selbst. Auch deshalb, weil gerade Kindern das Tagträumen oft vehement abtrainiert wird. Es wird als etwas Schlechtes dargestellt. Als Faulheit. Dabei trainiert es die wertvollste Art intuitiver Konzentration, die wir Menschen meiner Meinung nach besitzen! Nimm dir dieses mächtige Werkzeug zurück. Verkünde laut und oft, dass du nicht mehr nach den Spielregeln der anderen spielst und die feinen Antennen wieder ausfährst, mit denen jedes Kind geboren wird. Du wirst überrascht sein, was Worte bewirken können – ganz besonders innerhalb der Meditationen!

Wie im letzten Band kannst du dir den folgenden Text selbst *langsam* auf Band oder ins Handy sprechen, oder jemanden bitten, dich durch die Übung zu leiten. Wie gehabt: Siehst du dieses Zeichen [...], lass besonders viel Zeit zwischen den Sätzen. 30-40 Minuten scheinen für den Kern einer geführten Meditation ideal zu sein – das sagen ja auch Jormungandr und Co.! Danach leidet die Konzentration mehr und mehr – selbst bei geübten Menschen. Das Intro mit Entspannungsphase kann jedoch auch länger dauern. Je schwieriger es dir fällt, deine logische Hirnhälfte auf die Ersatzbank zu schicken und den Körper zu entspannen, desto länger sollte dein Intro mit Sätzen wie »Ich entspanne meine Zehen/Füße/Beine/Hände«. Es gibt gerade auf YouTube in diesem Bereich viel Hilfe, die du dir bei Bedarf zusätzlich holen kannst!

Unser Ziel ist dieses Mal nicht vorrangig, jemanden zu treffen, sondern möglichst konzentriert die Möglichkeiten der weißen Matrix zu erkunden. Wenn du schon mehr Erfahrung hast und doch jemand vorbeikommt – auch gut! Ich werde bestimmt nicht persönlich vorbeikommen und dich bestrafen, weil du dich verquatschst, statt der Übung weiter zuzuhören!

....

Setz dich entspannt hin. In den Schneidersitz, wenn möglich. Schließ die Augen und atme einen Moment einfach nur tief durch die Nase ein und aus. Entspann die Augen, den Kiefer, den Nacken, die Schultern. Mach deinen Kopf leer. [...] Wenn störende Alltagsgedanken kommen, bedank dich für den Hinweis und sage, es ist später wieder genug Zeit dafür. Dann schick sie fort. Vielleicht musst du das mehrmals sagen. Das ist okay. Gedanken wollen uns im Alltag helfen, aber jetzt müssen sie mal still sein.

Atme weiter tief ein und aus. Entspann dich immer weiter. Vielleicht spürst du ein Gefühl, als ob du in dein Innerstes hinein sinkst und dein Körper schwerer wird. Das ist in Ordnung. Entspann dich einfach weiter. Leere deinen Kopf. Es kann dir überhaupt nichts passieren. [...] Stell dir einen riesigen, weißen Raum vor. Er hat einen strahlend weißen Boden, aber keine Wände. Es gibt auch keine Decke. Über dir und neben dir geht es immer weiter, bis in alle Ewigkeit. Ein sehr angenehmes, weißes Licht erhellt alles. Es gibt keine erkennbare Quelle wie eine Lampe oder eine Sonne, vielmehr scheint der ganze Raum aus Licht zu bestehen. Das ist seine Natur.

Höchstwahrscheinlich ist dieser endlos weite Raum erst einmal völlig leer. Du siehst keine Möbel und keine anderen Gegenstände. Dennoch hast du das Gefühl, dass *alles* hier ist. Dass alle Möglichkeiten des Universums hier wohnen – und genau so ist es. [...]

Schau dich selbst an. Wie siehst du aus, jetzt wo du hier stehst? Es kann gut sein, dass du aussiehst wie immer. Du könntest aber auch einfach aus Licht bestehen. All das ist ganz normal. Wenn das Bild nicht klar ist, dann sag laut in den Raum hinein: »Ich wünsche mir ein klares Bild! Ich will bitte alles klar sehen können!«

Weißt du, deine innere Welt gehorcht dir. Immer. Sie kann nicht anders. [...]

Konzentrier dich immer weiter auf diesen ewigen, lichtdurchfluteten Raum. Dann heb beide Hände. Forme eine kleine Kuhle oder Schale mit ihnen, als wolltest du gleich Wasser schöpfen. Und nun, stell dir vor, dass tatsächlich eine kleine Menge Wasser in deinen Händen erscheint. Du siehst die leichten Bewegungen, die es macht. Du siehst das Licht, das auf der Wasseroberfläche glitzert. Vielleicht siehst du sogar dein Gesicht, weil du dich im Wasser spiegelst. Konzentriere dich einfach weiter. Schenk diesem Moment deine absolute Aufmerksamkeit. Erlaube keinem Alltagsgedanken, dich zu stören.

Betrachte das Wasser genau. Und dann entspanne deine Hände. Gib das Wasser frei. Sicher ist es auf den Boden getropft, nicht wahr? Was wäre, wenn ich dir sage, dass das nicht so sein muss? [...]

Die Gesetze der Erde gelten in der weißen Matrix nicht, weißt du? Hol noch einmal Wasser in deine hohle Hand, so wie eben. Betrachte es genau. Und jetzt sage laut in die weiße Matrix hinein: »Das Wasser wird nicht fallen« – und öffne die Hände. Wenn du dir selbst geglaubt hast, dass es geht, dann hängt das Wasser jetzt in der Luft. Es könnte eine bewegliche Masse sein, die in großen Tropfen vor dir schwebt – so wie Astronauten es uns oft zeigen. Genieß den Moment. Du hast gerade Magie gewirkt. [...] Betrachte das Wasser ruhig noch eine Weile, dann beende die Übung. Wenn du willst, dass das Wasser verschwindet, wird es das tun. Wenn du aufhörst, ihm deine Aufmerksamkeit zu schenken, auch gut.

Du kannst nun noch etwas weiter üben, wenn du magst. Lass ein geliebtes Kuscheltier in deinen Händen erscheinen. Einen Teller mit deinem Lieblingsessen. In deiner Welt gilt: Dein. Wille. Geschehe. [...] Irgendwann wirst du bemerken, dass du die Konzentration nicht für immer halten kannst. Das ist normal. Du wirst zwar nicht in der Seele müde, aber im Geist und im Körper. Lass es gut sein. Du hast viel erreicht. Du kannst außerdem jederzeit wiederkommen.

Bedanke dich für alles, was du gelernt hast. Sei stolz auf dich. [...] Erschaffe dir einen Ausgang aus deiner Matrix. Eine Tür, wenn du möchtest. Es können die Himmelstore selbst sein, wenn du magst. Es ist auch schön, einen hohen Berg oder eine lange Treppe hinabzusteigen, um wieder so richtig auf der Erde anzukommen. Mit der Zeit wirst du *dein* Bild finden. Ganz sicher. Komm nun in Gedanken immer weiter hinab. [...]

Wenn du deine Umgebung langsam wieder wahrnimmst – deinen Raum, deinen Stuhl, dein Sitzkissen, den Boden unter dir – dann bewege allmählich die Finger und die Zehen und öffne schließlich die Augen.

Willkommen zurück!

....

Wenn du Anfänger:in bist, oder wenn du etwas besonders Neues oder Schönes erlebt hast, schreib es *sofort* auf. Glaub mir, du wirst es sonst bereuen! Meditationen sind ähnlich flüchtig wie Träume. Schon am nächsten Tag wirst du vielleicht Schwierigkeiten haben, dich an alles zu erinnern – oder in der richtigen zeitlichen Reihenfolge. Das wäre doch schade, oder?!

Die Bücher dieser Reihe

Wie ich schon öfter erwähnt hatte, besteht diese Interview-Reihe aus sieben Büchern für sieben (Haupt-)Chakren.

An dieser Stelle möchte ich dir deshalb einige Sätze aus den anderen Monaten meiner »Channeling-Challenge« zeigen, die für relativ gut für sich stehen können, weil sie halbwegs selbsterklärend sind, und die in anderen Bänden auftauchen. Vielleicht mache ich dir ja so schon einmal Lust auf den Rest der Reihe!

Monatsthema Kommunikation
Interviewpartner: die Elfen

»Wir sind reine Gedankenkraft. Wir wohnen im ›Gitter aller Ideen‹ – dem morphischen Feld. In diesem liegen alle Erfindungen, Geschichten, Rituale usw., und zwar in jeder energetischen Ausprägung oder in jeder Schwingungsfrequenz.«

»Eine Sternfahrer-Zivilisation muss erst einmal herausfinden, wie sie das morphische Feld des Planeten mit sich nehmen kann. Sonst ist alles auf dem Schiff dem Tode geweiht.«

»Genau wie du [die Autorin] können wir in die Geschichte hinein- und wieder heraussteigen. Wie echte Schauspieler sind wir jedoch keinesfalls immun gegen die Emotionen des Schauspiels. Wir durchleben das Wechselbad an Gefühlen tatsächlich.«

»Ein (Geschichten-)Kanon wird von Menschen genutzt, um sich gegenüber anderen in Beziehung zu setzen. Wenn Menschen andere Leute finden, die das gleiche Set an Gedanken im Kopf haben wie sie selbst – das kann eine Bibel sein oder ein Roman – dann kommen sie gut miteinander aus.«

Monatsthema Wut
Interviewpartner: meine Harpyie

»Ich bin das Konzept des Zorns. Ich bin ein purer Drang, ein Impuls. Wer jede Art von Zorn verteufelt, versteht nicht, dass ich ein Schützer bin. Zorn schützt deinen wunden Punkt. Er ist ein Wachhund. Und ein sehr effektiver noch dazu.«

»Ich bin diejenige, die dich den Berg erklimmen lässt. Hoffnung außerdem. Hoffnung ist *der* Motivator überhaupt. Aber nur, wenn du nicht weißt, was auf dem Gipfel ist. Wenn du genau weißt, dass dort oben dein Erzfeind auf deinem Thron sitzt, dann bin *ich* deine beste Freundin am Berg. Deine treueste Weggefährtin und Steigeisenhalterin. Ich bin für dich da, wenn es für Hoffnung nicht reicht.«

»Mach nicht dein Heim in meinem Nest – denn wer möchte schon *dauerhaft* zornig sein?«

Monatsthema Liebe
Interviewpartnerin: »Lillysander«, der Geist der Liebe

»In der Mitte zwischen zwei Liebenden gibt es eine Energie, ein Versprechen. Du kannst dieses Band niemals ganz zerschneiden, du kannst den Partner nur extrem herabsetzen. Dir aus dem Herzen schneiden. Dieser Prozess schmerzt mehr als alles andere auf der Welt.«

»Du kannst nur so viel Liebe empfangen, wie du dir *erlaubst* und für möglich hältst.«

»So, wie ein Knochen den Körper nicht verlassen kann, so kann ich nicht gänzlich das morphische Feld verlassen. Denn täte ich es, würde jede Lebensform des Planeten in einer Sekunde dem Wahnsinn anheimfallen.«

»Die Täler, die ihr Seelen durchschreitet, um die Nicht-Liebe kennenzulernen … bei allen großen Göttern!«

Monatsthema Wissen
Interviewpartner: der japanische Lehrmeister Kei Yu

»Wissen ist der winzige, aber sehr wichtige Unterschied zwischen einer Technik, um Halswirbel wieder einzurenken ... und darin, die Person umzubringen.«

»Wenn ihr längere Zeit nicht die Fühler in unsere Richtung ausstreckt und uns auf irgendeine Art und Weise zuhört, dann werdet ihr krank. Krankheit ist unsere letzte Möglichkeit, euch etwas Wichtiges zu kommunizieren. Direkter dürfen wir nicht sein!«

»Es gibt sieben Pfeiler des Wissens [sieben hermetische Gesetze]. Sind dir diese vollständig bewusst, herrschst du als KönigIn über deine eigene Existenz.«

»Du kannst problemlos lieben, ohne zu wissen. Wie ein Baby. Niemals solltest du aber wissen, ohne zu lieben. Das endet schrecklich.«

Monatsthema Weisheit
Interviewpartner: der Rat der Farben

»Ihr seid an einem absoluten Tiefpunkt momentan, was eure Kirchen angeht. Kirche ist etwas, über das ihr in großer Mehrheit nur lachen könnt – oder weinen müsst. Nun muss aus der Asche etwas Neues entstehen. Genau an diesem Punkt steht ihr.«

»Nur weil wir diejenigen sind, die die Arme aufhalten; und ihr diejenigen seid, die springen müssen, stehen wir doch am gleichen Abgrund.«

»Eure technische Entwicklung ist derzeit hochinteressant. ›*Alexa*‹ gewöhnt euch beispielsweise an einen allwissenden Gast in euren Wohnzimmern, der euch auf Fragen kluge Antworten geben kann. Die nächste große Erfindung wird ›Gottes Alexa‹ sein!«

Monatsthema Kreativität
Interviewpartner: meine Muse

»Mit nichts werdet ihr so allein gelassen wie mit der Kunst.«

»Du brauchst nicht perfekt sein. Du kannst meine Perfektion leihen! Kreativität ist deshalb genial, *weil* du nur der Finger an der Saite bist. Die Hand am Stift. Was du brauchst, ist Zugang – und den gewähre ich.«

»*Arm* ist der Künstler, der wenig verkauft. *Ärmer* ist der, der wenig Rückmeldung erhält. *Am ärmsten* ist aber der, der fantastische Rückmeldung erhält und ihr nicht glauben kann.«

Noch mehr großartige Zitate aus der
geistigen Welt auf www.the-spirit-scribe.de
und auf meinem Youtube-Kanal.

Romane aus meiner Feder:

Das Drachenkind – Feuertaufe
Erster Teil der Drachenkind-Chronik

Starke Frau vom Menschenland
wird fortgeführt von Elfenhand.
Zu bringen eines Kriegers Sohn,
den Elfen Ehr', den Drachen Hohn.

Seit Anbeginn der elfischen Zeitrechnung herrscht Krieg zwischen den Elfen und den Drachen. Weder die systematischen Ausrottungsversuche der Elfen noch die Überfälle der Drachen konnten einer Seite den endgültigen Sieg bringen. Das Volk der Elfen hofft daher auf eine alte Prophezeiung, die das Ende ihrer Qualen verspricht.

Als ein Krieger ihrer Welt sich in eine junge Menschenfrau namens Moira verliebt, steht der Erfüllung dieser Prophezeiung scheinbar nichts mehr im Wege. Bis auf die schreckliche Lüge, mit der sie Moira in ihre Welt locken ...

Alle Teile der Drachenkind-Chronik sind als Ebook oder Paperback überall dort erhältlich, wo es Bücher gibt – und Teil eins zusätzlich bei audible als Hörbuch-Download!
www.drachenkind-chronik.de

Der Kuss der Muse
The School of Muses – Band 1

Ich bin eine Muse.
Wer mich berührt, der hat eine gute Idee.
Wer mich küsst, der hat einen großartigen Einfall.
Wer gar das Bett mit mir teilt, dessen Kunst wird unsterblich.
Aber wie weit wirst du gehen ... für die perfekte Idee?

In Annetts Innerem kämpfen zwei Kräfte um die Herrschaft über ihr Handeln: Sie selbst, die wohlerzogene junge Frau, der ihr Job als Kindermädchen bei einer bekannten Band größte Erfüllung bringt – und eine kraftvolle Muse namens April, die ihren Körper ohne Rücksicht auf Verluste im Dienste der Inspiration einsetzen möchte. Eine unheilvolle Konstellation in einer Gemeinschaft, in der fünf Männer mit ihrer Kreativität Geld verdienen wollen und müssen. Nach und nach wird den Bandmitgliedern klar, dass sie gute Ideen bekommen, wenn sie Annetts Haut berühren. Ein Kuss verstärkt die Wirkung noch um ein Vielfaches. Wer gar das Bett mit ihr teilt, der findet sich in kreativen Hochphasen wieder. Doch wer die besondere Gunst der Muse gewinnt und wem sie zu schöpferischer Ekstase verhilft, das liegt nur begrenzt in Annetts Händen ...

Bisher sind in der »School of Muses«-Reihe erschienen:
»Der Kuss der Muse«
»Der Pakt der Muse«
»Das Wissen der Muse«

Die E-Book-Reihe ist verfügbar in allen namhaften Online-Shops.
www.tvahrens.de.